生活経済学

生活経済学（'25）

©2025　大藪千穂

装丁デザイン：牧野剛士
本文デザイン：畑中　猛

s-65

まえがき

　私は 2008 年から 2011 年に放送大学のラジオ教材で，『仕事・所得と資産選択』，2012 年から 2014 年には『生活経済学』の講義を担当してきました。今回は 3 回目となりますが，タイトルは『生活経済学』と前回と同じとし，内容も基本的な事柄は踏襲しつつ，データを新しくし，また新たに投資の章も加え，生活とお金の関係について講義することを目的としています。以前の『生活経済学』執筆時には東日本大震災が起こり（2011 年 3 月 11 日），今回は令和 6 年能登半島地震（2024 年 1 月 1 日）が起こり，再度甚大な被害が生じています。東日本大震災から 13 年経っていても地震などの災害対応の難しさを感じました。一瞬で人生や生活が根本から変わってしまう自然災害を前にして，「生きる」ということに真摯に向かい合うお正月となりました。

　本書は，お金に関する内容ですが，その中心は生活の在り方を問うています。生活をするために必要な要素として，お金，時間，エネルギー，環境にも触れ，今後，私たちがどのようなライフスタイルをとればよいかを考えるきっかけになればよいと考えています。

　本書では，まず生活とお金の関係がどのように変化してきたのかを，歴史の視点から取り上げています（第 1 章〜第 4 章）。次に生活をする中でのお金の動き，家計のしくみや法則，貯蓄や負債の現状を学びます（第 5 章〜第 7 章）。そして単身世帯，共働き世帯，母子世帯，高齢者世帯等，異なったタイプの世帯の家計がどのように違うのかを取り上げました（第 8 章〜第 11 章）。12 章では，少子高齢化時代に変革が迫られている社会保障制度について説明しています。13 章では，最近の大きな流れである「貯蓄」から「投資」，そして投資教育の意味について取

り上げました。14章では，成年年齢が2022年から18歳に引き下げられたことに加え，最近大きな被害が出ている消費者問題とお金との関係を取り上げています。最後の15章では環境問題とライフスタイルに注目しています。特に現代で生活しながら，現代社会とはまったく異なったライフスタイルを保持，実践しているアーミッシュ（Amish）の人々を紹介しています。内外には多くのことが生じています。私たちの今の生活は永久に続くものではなく，変化に応じて生活を見直さなければなりません。今後，どのような生活をすればよいのか，幸せとは何かを問うとき，遠く離れたアーミッシュの人々の生活から何かを学ぶことができるのではないかと思います。

　生活に必要となるのは，お金だけではありません。さまざまな要素をうまく組み合わせながら，私たちは生活しています。今後，何が起こるのかはわかりませんが，自分の生活を謙虚に見つめ，改善できる点は改善し，自分自身で経済や社会の流れを読み取り，変化を柔軟に受け入れ，そしてそのためにはどうすればよいかを日頃から予測しておくことが自分の身を助けます。本書が少しでもそのような情報として役立てば幸いです。

2024（令和6）年10月17日

大藪千穂

目次

まえがき　3

1 | 生活経済の歴史　9

1. 生活経済の発展　9
2. 現代社会における生活経済　16

2 | 戦後の経済変化と生活　22

1. 第2次世界大戦後の日本　22
2. 高度経済成長期　28
3. バブル期，平成不況と好況期　33
4. コロナ禍の経済と生活への影響　38

3 | 海外の家計研究の歴史　42

1. エンゲル以前の家計研究　42
2. エンゲルの家計研究　44
3. エンゲル以後の家計研究　48

4 | わが国の家計調査の歴史　54

1. 家計調査が成立するまで　54
2. 統計的手法を用いた家計調査の成立　56
3. 戦後の家計調査　59

5 | 家計収支と家計簿記帳 66

1. 家計収支の内訳　66

2. 家計簿記帳の方法　74

3. 家計簿の分析　76

6 | 家計をめぐる法則 82

1.「エンゲル法則」をめぐる法則　82

2.「必需品」と「ぜいたく品」　86

3. 消費水準の測定—消費者物価指数　88

7 | ライフサイクルと貯蓄・負債 95

1. ライフサイクルの変化　95

2. ライフステージごとにかかる費用　97

3. 生涯収支　100

4. 貯蓄　101

5. 負債　110

8 | 単身世帯と２人以上の世帯の家計 115

1. 単身者の生活　115

2. 結婚　119

3. ２人以上の世帯の家計　123

4. 共働き世帯と片働き（専業主婦）世帯　129

9 | 子どもにかかる費用　　136

1. 就学以前にかかる費用　136
2. 1人の子どもにかかる教育費　140
3. 高等教育にかかる費用　145
4. 教育費の準備　148

10 | 離婚の経済とひとり親世帯の家計　　151

1. 離婚の経済　151
2. ひとり親世帯の実情　158

11 | 高齢者世帯の家計と生活　　167

1. 「超高齢社会」の現実　167
2. 高齢者世帯の家計　169
3. 高齢者世帯の経済　176

12 | 社会保障と生活　　183

1. 社会保険　184
2. 児童福祉および母子（寡婦）福祉　194
3. 障害者福祉　197
4. 公的扶助　198

13 | 投資と生活経済　　　206

1. 投資への流れ　　206
2. 海外の金融経済教育　　209
3. 日本の金融経済教育　　213

14 | 消費者問題と生活経済　　　223

1. 消費者問題とは　　223
2. 成年年齢引き下げと消費者問題　　226
3. 高齢者の消費者被害　　229
4. なぜ人はだまされるのか　　232
5. 消費者教育　　233

15 | 持続可能な社会のための生活　　　238

1. 持続可能な社会のための情報とライフスタイル　　238
2. 環境問題とライフスタイル　　240
3. アーミッシュのライフスタイル　　249

索　引　258

1 | 生活経済の歴史

《**目標＆ポイント**》　私たちの生活は，紆余曲折を経て，現在の状態になった。では，生活はどのように経済と関わりを持ちながら変化を遂げてきたのであろうか。ここでは，古代社会，封建社会，近代社会，現代社会ごとに，その変化について見ていくことにする。

《**キーワード**》　生活経済の歴史，古代社会，封建社会，近代社会，現代社会

1. 生活経済の発展

（1）欲求の充足と生産

　生活は，これまでどのようにして，変化，発展してきたのであろうか。私たちは，日々，何らかの欲求を持って生活している。ご飯が食べたい，ゆっくり寝たい，洋服が欲しい，家を建てたい，幸せになりたいなど。このような欲求の種類には，精神的な欲求と物理的な欲求がある。本教材では経済を対象としているので，精神的な欲求については扱わないが，物理的欲求と精神的欲求は密接に結びついている。私たちは物理的欲求を，モノやサービスを購入し，消費することによって充足している。ただしお金には限りがあるため，その範囲内で満足感（効用）が最大になるように工夫をしている。また，すぐに購入できない場合は，貯蓄をするなどしてから消費することで欲求を充足してきた。

　例えば，食べ物が欲しければ，現代では手っ取り早く「コンビニかスーパーに行く」と答えるかもしれない。しかし，もっと昔なら，「畑

を耕す，稲を植える」と答えるかもしれない。いずれにしても物理的欲求を満たすには，何らかの生産が必要となる。コンビニに行くにしても，そこに何も売っていなければ何も買うことはできない。つまり，コンビニに商品があるのは，生産者がモノを生産しているからである。また，畑を耕し，稲を植える，という行為は，まさに生産そのものである。このように，人間の物理的欲求を満たすためには，モノやサービスの生産が必要となる。

　また人間の欲求は，大きくなる，あるいは広がることはあっても，一度大きく広がった欲求を小さくすることは難しい。そのため増大する欲求を充足するには，生産を増やす必要がある。また，消費者側からすれば，すべての欲求を満たすことは難しいので，欲求に順位をつけ，優先順位に従って消費行動をとることで，なるべく欲求充足による満足感（効用）を大きくしようとしている。このようなやりくりを「生活経営」と呼んでいる。ここに消費と生産の発展が生じ，生活経済の発展の歴史を見ることができる。以下では，その歴史について概観することにしよう。

（2）古代社会における生活経済の発展

　古代社会といっても，いつ頃を古代社会と呼ぶかは難しいが，ここでは，原始的な社会集団を想定している。わが国では，弥生時代末期の登呂遺跡等に見られるのが古代社会の例である。それは「家」の形成とともに始まると考えてよい。そこでは大家族が「家」を形成していた。家族は，現在よく見られる夫婦世帯や夫婦と子どもからなる世帯，単独世帯等ではなく，自然発生的な人間の集団であり，約100人もの人間がいくつかの住居に分かれて生活をしていたと考えられる。自然の制約をコントロールすることが難しかったため，集団で生活をすることにより，

共同で生産と消費がうまく循環するように助け合っていた。ここでは，能力の分担は存在していても，個人が財産（採ってきたもの）を所有していたわけではない。この時代，各人に経済格差はなく，集団は経済的に一体であったといわれている（中村，1978）。大家族の欲求を充足するために，家族を構成している人々の性や年齢によって，狩猟や子育てなどの仕事を分担して生産に従事していた。

　古代社会のシステムは，図1-1に示すように，1つのシステムにまとまっていた。そして大家族をまとめるリーダーとして，首長が存在していた。首長は，大家族が暮らすことができるように，生産物を収集し，その配分（消費）を管理していた。大家族には，様々な性や年齢の男女が存在していたため，全員が暮らすことができるだけの生産量を確保するための生産労働をそれぞれに割り当てていた。また，天候による豊凶などの自然的制約があったため，加工・貯蓄をしながら，生産量が確保できない場合でも，全員が生活できるように指揮をし，消費が生産を上回らないように管理していたと考えられる。つまり，古代社会では，生

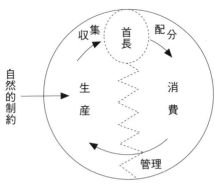

図1-1　古代社会の生活の成り立ち
（出典）多田，1989，p.8

産と消費が小集団の中で行われており，他の大家族との交流はなかった
ため，「閉鎖的家内経済」であり，現在の生産主体である「企業」，消費
主体である「家庭」，これら全体を統治する「国」の区別がない，1つ
のシステムとして存在していたといえる。

　この時代，古典アテネの歴史家であるクセノフォン（Xenophon）
が，『家政論』（oikonomikos）を記している（雨宮，2005）。この著作
は2部から成っており，第一部はソクラテスとクリトブーロスとの対話
で，古代社会の大家族での家長と主婦の役割（家の管理術）が記されて
いる。第二部では，ソクラテスとイスコマコスとの対話で，裕福な大地
主イスコマコスが若い妻をいかにして有能な家の管理者に教育したか，
また農業経営についても述べている。この時代の家長は夫であり，男性
である。家長は，家族の構成員の欲求を知り，それに見合う生産物を獲
得する必要があった。そして生産と消費は大家族内で完結しており，家
長の妻は，その協力者という役割を担っていた。つまり，家を司る者は
家長であって，妻ではない。家政学は男性のための学問であったのであ
る。本のタイトルである"Oikonomikos"はギリシャ語で，oikos（家）
とnomos（習慣，法律）の複合語であり，Oikonomiaの形容詞である
ため，「家政に関する」著述を意味している。それが現在の英語の
economyに転じたことを考えると，経済は家政（家庭経済）から始まっ
たことが理解できる。

（3）封建社会における生活経済の成り立ち

　古代社会における大家族は，その後，大家族間で徐々に交流が進んだ
ことにより，権力による支配が生じることとなり，古代社会から封建社
会へと発展した。社会が発展すると，国家が政治的経済組織を形成す
る。このような封建社会の経済的基盤は農業生産である。開墾地が私有

化されることになり，農業生産が進んだ。しかし，農家はまだ農家経営を独立して行うことはできなかった。なぜなら，水の確保，共同作業など，まだまだ農家同士が協力しなければならないことが多かったからである。さらに，農家では生産と消費が一体となっていたが，自分の家での生産物が全て自分の家のものにはならなかった。また，農家を統制していく封建領主が存在したため，生産主体と消費主体が分裂していくことになる。封建社会の生活の経済は，古代社会の首長に代わり，封建領主が生産と消費のコントロールを司ることになる。数家族が平等に生活していた古代社会とは異なり，封建社会には身分制度が存在し，封建領主の管理下のもとで生活することになる。封建領主は，図1-2に見られるように，以下の①～④の役割を担うことで，自分の経済力を高めており，また，これらの身分制度によって，封建社会は維持されていたと考えられる。

①農業は自然的制約を受けやすいので，他の村落や国よりも優位であろうとするため，生産を奨励する。

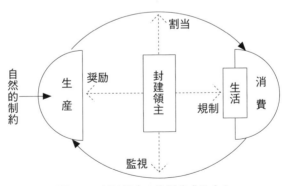

図1-2　封建社会の生活の成り立ち
（出典）多田，1989，p.9

②生産された収穫物を封建領主はできるだけ多く確保し，自分のものとすることで政治力を高め，領民の消費にはなるべく少ない生産物を割り当てる。
③領民に割り当てた消費を規制して，なるべく少ない消費をするように節約を図らせ，領民の消費生活を規制する。
④領民の消費生活を監視する。

（4）近代社会における生活経済の成り立ち

　その後，土地の所有化が進み，それぞれの「家」が経済力を持ち始めることで，「貨幣」が流通するようになり，封建社会は徐々に崩壊していった。封建領主が介入しなくても，「貨幣」によって生産と消費が結合されるようになったのである。封建領主の権力は衰え，封建社会は崩壊した。これは，アダム・スミスが『諸国民の富』で述べた「神の見えざる手」（invisible hand of God）によって市場が動かされるようになったことを指している。アダム・スミスはその仕組みを以下のように記している（アダム・スミス，1969）。

> 「いうまでもなく，通例かれは公共の利益を促進しようと意図してもいないし，自分がそれをどれだけ促進しつつあるのかを知ってもいない。……かれは自分自身の利得だけを意図しているわけなのだが，しかもかれはこの場合でも，その他の多くの場合と同じように，見えない手 an invisible hand に導かれ，自分が全然意図してもみなかった目的を促進するようになるのである。」

　近代社会では，図1-3に示すように，生産主体は「企業」，消費主体は「家計」と，封建社会よりも，よりはっきりとした形に分裂する。そ

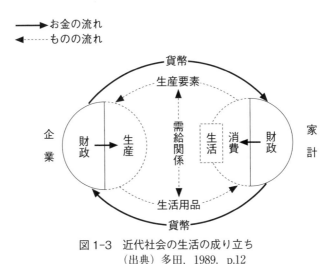

図1-3 近代社会の生活の成り立ち
(出典) 多田, 1989, p.12

して,「貨幣」が封建領主にとってかわり,「貨幣」とモノの流れによって生活経済は成り立つようになった。「貨幣」を媒介とした「需給」関係が自動調整作用を行うので, 封建領主は必要ではなくなった。「企業」,「家計」それぞれに財政があり,「企業」は生活用品（用はサービス, 品はモノ）を生産, 供給し, 生産要素である労働力の需要者となる。一方,「家計」は, 生産要素である労働力の供給者であり, 生活用品の需要者となる。「家計」は, 生活用品を購入, 消費することで生活を行っている。生産要素と生活用品のバランスは, 需要と供給の自動調整作用によって決まる。需給関係とは, 生産物の売り手と買い手が生産物の価格の変化に従って, その生産物の需要量あるいは供給量を変化させる関係をいう。図1-4に示すように, 価格が上がると,「企業」は生産物の供給量を増やして利益を大きくしようとするので,「企業」の行動曲線である供給曲線は右上がりとなる。一方,「家計」は, 価格が上

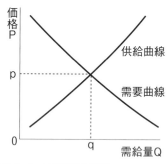

図 1-4　需要供給曲線
（出典）多田，1989，p.12

がると需要を減らして，支出を抑えようとするので，「家計」（需要者）の行動曲線である需要曲線は右下がりとなる。価格は，需要曲線と供給曲線が交わった点で決定される。このように，需給関係の自動調節作用によって市場が決定し，自由競争のもと動き始めたのが「近代社会」といえよう。このような市場の動きに連動し，「家計」も封建社会のような身分制度に拘束されず，自己責任のもと，生活を管理することが可能となったのである。

2．現代社会における生活経済

（1）生活経済の成り立ち

　これまで，古代社会，封建社会，近代社会における生活経済の変遷について見てきたが，それでは現代社会の生活経済はどのようになっているのであろうか。現代社会は，近代社会の生産と消費が分断された形をベースにしながら，より複雑になってきたといえる。

　図 1-5 は現代社会の生活の成り立ちを簡単に示したものである。現実はより複雑であるが，ここでは，簡単に生産主体を「企業」，消費主体

を「家計」とする。図の右回りの実線はお金の流れを，左回りの点線は
モノやサービスの流れを示している。まず，「労働市場」からモノと
サービスの流れを見てみよう。「労働市場」には，「家計」から「労働
力」が提供される。「労働力」は，「生産要素」となって，「企業」の
「生産」に携わる。「企業」内部では，「労働力」によってモノやサービ
スが「生産」，「供給」される。「供給」とは商品市場への「販売」を意
味し，「販売」によって得たお金で「企業」はさらなる「生産」を行っ
ている。このように「企業」の中では，右回りの循環が起こっている。
企業で「生産」されたモノやサービスが「供給」されると，それが「商
品市場」に提供される。「家計」は，「商品市場」からモノやサービスを
「生活用品」として購入する。「家計」は，「商品市場」から購入した
「生活用品」を「消費」することで，「労働力を再生産」している。つま
り「生活用品」を「消費」し，生活することで，生きるためのエネル
ギーを作り出しているといえる。日々の生活では，家族構成員の生活時
間を確保しながら，労働時間を一般的には企業に供給している。これに
よって「労働力」を「労働市場」に供給することが可能となる。このた
め，「家計」は「消費」主体ではあるが，生きるための「労働力」を再
生産しているという意味で，「生産」主体でもあると考えることができ
る。

　「家計」の中でも，「企業」で見たのと同様に右回りの循環が生じてい
る。「労働力を供給」すると，「家計」は「労働市場」から「賃金」を得
ることができるので，それが「家計」の「収入」となる。そして，その
「収入」を用いて「生活用品」を購入するために「支出」をする。「支
出」して得たモノやサービスを「消費」することで，「労働力を再生
産」させているのである。

　すでに実線の内容も説明しているが，実線の流れを見ると，「家計」

は「労働市場」で「賃金」を獲得し，それが「家計」の「収入」となり，その「収入」でモノやサービスを購入する。これは「家計」にとって「支出」となる。「生活用品」の購入は，「家計」にとっては「消費支出」（「第5章 家計収支と家計簿記帳」を参照のこと）と呼ぶ。これが「商品市場」に支出されるが，これが「企業」にとっては売買代金となって収入源となる。「企業」にとっては「販売」を意味し，その収入によって次の「生産」のために必要な「生産要素」を「購買」するために支払われる。そしてそれは「労働市場」に支出される，という右回りの循環が存在する。ただし，「家計」は，「商品市場」に支出するだけでなく，金融機関に「貯蓄」をしたり，「国」に税金等を支出している。「金融機関」に集められたお金は，「企業」へ「投資」という形で使われている。また，「企業」には，「国」からも政府支出として「財政投融資」がなされている。

　このような「家計」と「企業」間の経済循環を「民間経済」と呼び，これに「国」が加わった経済循環を「国民経済」と呼んでいる。しかし，現代社会は，自国内だけで経済やモノ・サービスの動きが留まっているわけではなく，多くの外国諸国との関係によって成り立っている。また，外国諸国のそれぞれにおいても，「家計」，「企業」が存在し，「民間経済」，「国民経済」が存在している。そして，そのような他の諸外国の「国民経済」との関係を「国際経済」と呼んでいる。現代社会では，様々な「国際経済」が複雑に関わり合って日々の生活が営まれているのである。

（2）生活経済の位置づけ

　以上見てきたように，我々の生活は，その時々の社会情勢に応じて，変化をしてきた。このような生活の経済問題を対象とする「生活経済

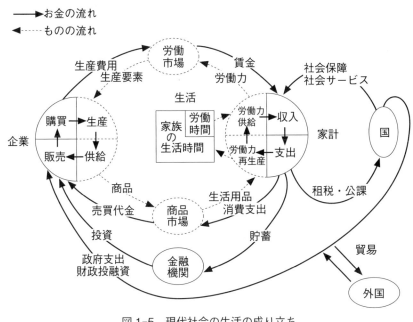

図 1-5　現代社会の生活の成り立ち
(出典) 多田, 1989, p.19

学」は, これまで常に貧困の克服が主な目的であった。それは,「第3章　海外の家計研究の歴史」,「第4章　わが国の家計調査の歴史」でも紹介するが, 個人の貧困という問題ではなく, 国家として, 貧困をどのように解決するかを明らかにするために,「家計」が注目されたのである。その意味でも,「生活経済学」は, 生活水準の向上や最低生活保障政策に貢献することをその主たる目的としてきたといえよう。

　一方, 経済学においては, 最近になるまで生活や消費の問題はほとんど取り上げられてこなかった。現在でも, 経済学部で家計や消費の問題を研究している人は極めて少ない。古代社会の生活の項目で紹介したよ

うに，もともと経済は家政（家庭経済）から始まった。しかし以後，企業の経済規模が大きくなり，経済学は企業と国家経済を対象とするようになり，家庭の経済はネグレクトされてきた。その後，1929年の世界大恐慌によって，失業，生産の縮小，消費の縮小が起ったことが契機となり，消費や家計にも目が向けられるようになった。これは，消費の縮小，つまり「有効需要の不足」をいかに解決するかが，一国の経済再生の重要課題と考えられたからである。また，図1-5で示したように，「家計」は消費主体ではあるが，それで終了という訳ではなく，「労働力を再生産」をする「生産」主体でもある，という「経済循環」の考え方が現れたためである。現在，生活経済学は，一国の貧困やそれに関わる問題の解決とともに，個々人が生活設計を自主的に行い，日々の生活を管理，経営するための問題など，身近な問題をも対象としている。

引用文献

中村吉治，1978，『家の歴史』人間選書18，農山漁村文化協会，p.20-21
雨宮健，2005，「古典期アテネの経済思想」経濟論叢，175 (5-6)
アダム・スミス（大内・松川訳），1969，『諸国民の富』岩波文庫，p.56-57
多田吉三，1989，『生活経済学』晃洋書房

参考文献

大藪千穂，2011，『お金と暮らしの生活術』昭和堂
奥田真之・大藪千穂，2023，『はじめての金融リテラシー』昭和堂

学習課題

　自分の身の回りのモノやサービスがどこからやって来ているのかを図で示してみよう。

2 | 戦後の経済変化と生活

《**目標＆ポイント**》 戦後も80年近くなり，戦後の経済の変化やそれに伴う
生活の変化を冷静に振り返ることができる時代となった。今後の生活経済を
考えるには，まず，これまでの経済社会と生活がどのように関連しているか
を知ることが大切である。戦後経済の分類には様々な方法があるが，ここで
は全体的流れを把握するために，大きく終戦直後，高度経済成長期，バブル
経済とその後の不況・好況期，コロナ禍の経済の4つに分類し，その時々の
経済・社会の変化と，生活・家計への影響を理解したい。
《**キーワード**》 戦後，高度経済成長，バブル経済，平成不況，コロナ禍

----

1. 第2次世界大戦後の日本

（1）経済・社会の変化

　第2次世界大戦直後のわが国の状況に関しては，経験していなくて
も，当時の話を聞いたり，本で読んだり，映像で見たことがある人は多
い。わが国は昭和20（1945）年8月にポツダム宣言を受託し，連合軍に
無条件降伏し敗戦した。多くの都市が戦災に遭い，家屋は壊滅状態と
なった。戦災により都市住宅の3分の1が焼失し，日本の実物資産の4
分の1が失われた（経済企画庁，1995）。船舶は80％，工業用機械は
34％が失われた（金森，1991）。戦争による被害総額は1,057億円（終
戦時価格），航空機，艦船，平和的資産を合わせるとこれらは「国富」
の実に36％にも達した。終戦時残存国富額は1,889億円であったこと
を考えると，いかに被害が大きかったかが伺える。また，人的被害は死

亡，負傷，行方不明を入れて253万人に達した（日本経済新聞社，1985）。戦没者は約310万人である。

昭和21（1946）年の実質国民総生産は7兆8,489億円（昭和45年価格，経済企画庁推計）で，戦前の61％の水準まで下がった。鉱工業生産指数は5分の1に低下した（経済企画庁，1995）。しかし消費者物価指数は毎月10〜15％跳ね上がり，狂乱物価となった（図2-1）。第1回の経済白書（『経済実相報告書』）は昭和22（1947）年に出版されたが，そこで明らかにされたのは，当時の経済である。昭和21（1946）年度の国の一般会計および特別会計では，歳出1,922億円に対して，歳入1,156億円と，赤字が歳出の約40％の766億円に達していた（高橋，1995）。

しかしながら，戦争直後からわが国は復興への道を歩き，昭和25

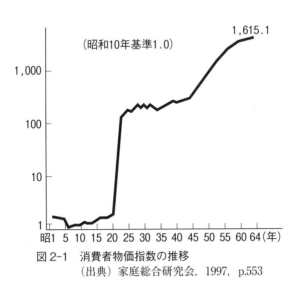

図2-1　消費者物価指数の推移
　　　（出典）家庭総合研究会，1997，p.553

（1950）年半ばには貧困から脱却したといわれている。戦争直後の混乱状態から脱け出し，ドッジ・ラインによる経済の安定計画期を過ぎ，物価低下と景気後退を招いたが，朝鮮動乱（1950年）による予期せぬ特需が日本経済を一気に潤した。アメリカ軍による物資・サービスの調達による動乱ブーム（特需景気）は，鉱工業生産指数が昭和24（1949）年に100であったのが，昭和25（1950）年には123に上昇したことからも，その影響がいかに大きかったがわかる。

（2）生活の変化

　「国も赤字，企業も赤字，家計も赤字」と第1回『経済白書』で述べられたが，国家経済が赤字ならば，当然の事ながら家計も赤字であった。戦争直後（1946年）の貯蓄率は2.4％であったが，昭和22（1947）年はマイナス4.5％と借金をしている世帯が多かったことからも，戦争直後よりも数年後の方が貯蓄などしている場合ではなかった。この時代の生活は，賃金も低い（457円，実質賃金は戦前の30％）が，買うものもなかった。また，人々は，ヤミ市（青空市場）で手持ちの家財道具を1つずつタケノコの皮のように剥いでは，食料と物々交換してその日暮らしをする「タケノコ生活」を送るしかなかった。しかしその家具家財も21％は被害を受けていた（金森，1991）。米の収穫量は，1940〜1944年の平均が911万トンであったのに対して，1945年は587万トン（佐藤他，2010）と，前年比の68.8％と大正・昭和期で最大の凶作であったことも食糧危機を深刻化させていた。全国に流れたヤミ米量は約400万石であったといわれている（家庭総合研究会，1997）。しかし，ヤミ市の価格は高騰し（表2-1），米は一升が70円と，政府の標準価格の130倍であった。都市の生活者は着物を農家に持っていき，米や野菜と交換したが，白米はなかなか手に入らず，さつまいもを代用食として

第2章　戦後の経済変化と生活　｜　**25**

表 2-1　闇市場の値段

品　　名	数　　量	価　　格	基準単価
		円　　銭	円　　銭
白　　米	1升	70.00	0.53
み　　そ	1貫目	40.00	2.00
醤　　油	2リットル	60.00	1.32
砂　　糖	1貫目	1000.00	3.79
塩	1貫目	40.00	2.00
ナタネ油	1斗	2000.00	26.80
牛　　肉	100匁	22.00	3.00
鶏　　卵	100匁	21.00	1.82
生 サ バ	100匁	20.00	0.34
煮 干 し	100匁	23.00	1.13
さつまいも	1貫目	50.00	1.20
大　　根	1貫目	3.00	0.06
ご ぼ う	1貫目	10.00	1.70
り ん ご	100匁	13.00	0.36
煎　　茶	100匁	20.00	3.30
ふかしいも	100匁	10.00	0.08
水 あ め	1貫目	10.00	3.40
清 酒 2 級	1升	350.00	8.00
ビ ー ル	大びん1本	20.00	2.85

警視庁経済第3課調べで，1945年10月のもの。
（神田文人「昭和の歴史8」，160頁より）
（出典）佐藤信他編，2010，p.482

食した人も多かった。

東京都内から買い出しに出る人は1日18万人，千葉・埼玉・神奈川県で買い出されるさつまいもは180万キロといわれた（家庭総合研究会，1997）。終戦直後のエンゲル係数は67.8％に跳ね上がった（図2-2）。現在の勤労者世帯のエンゲル係数が27％前後であることを考えれば，いかに生活が苦しかったかがわかる。この時代のエンゲル係数は，まさに生活水準を測る「ものさし」として機能していたのである。

食べるものも満足になかったこの時代，食糧不足によって栄養不良も

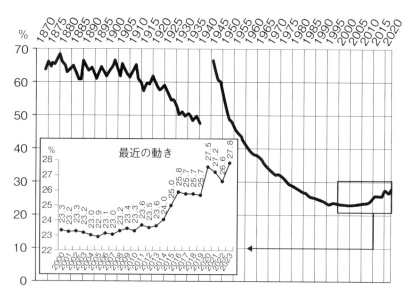

(資料) 戦前：東洋経済長期経済統計第6巻「個人消費支出」第1表
戦後：総務省統計局「家計調査」（二人以上の世帯，ただし1962年以前は全国都市，1999年以前は農林漁家を含まず）

図 2-2　エンゲル係数の推移
　　　（出典）社会実情データ図録
　　　https://honkawa2.sakura.ne.jp/2355.html（参照日2024年7月10日）

大きな問題であった。配給制度が敷かれており，米，味噌，油，塩，砂糖は配給であったが，主食は1日1人297gで，この中にはサツマイモ，大豆，豆カスが含まれていた。主食配給量は正常のカロリーの半分にしかすぎず1,100カロリーであったため，主食の3〜4割はヤミに依存していた（金森，1991）。1人1日あたりの熱カロリー必要度に対する摂取比率は，昭和10（1935）年では82.0％であったが，昭和22（1947）年は46.5％にすぎなかった（橘木，2006）。「どんぐりを応用した食糧子供会」なるものが開かれたり，サツマイモ，ジャガイモ，芋づるを加工した人造米が作られたという記事からもいかに栄養不足が深刻であったかが伺える（家庭総合研究会，1997）。

　住生活も苦しいものであった。全国の住宅不足は420万戸にものぼった。東京都の人口が348万人，約60万世帯であったが，そのうち30万人（93,000世帯）は，家がなかったため，防空壕の焼け残った穴を家として使ったり，バラック，バス住宅も現れた。また，昭和20（1945）年にはプロペラ作りの合板技術を生かしたプレハブ住宅が誕生した（家庭総合研究会，1997）。

　衣生活も物資がなく，悲惨な状態ではあったが，女性にとっては，おしゃれが解放された時でもあった。禁じられていた口紅，柄物の着物など，できる範囲内でおしゃれを楽しむ人も現れた。これは安くて小さな髪のアクセサリーが売れ始めたことからも伺える（家庭総合研究会，1997）。食費と衣料費の割合を見ると，昭和21（1946）年は14対1，昭和22（1947）年には10対1になり，徐々に衣料にも支出できる余裕が見え始めている。

　このように敗戦後，ゼロからの，あるいはマイナスからの出発となった生活だが，すさんでばかりいたのではない。並木路子の「リンゴの唄」が大ヒットし，大相撲も復活し，戦後初のスポーツ放送も始まり，

昭和20（1945）年の大晦日には「紅白歌合戦」の前身である「紅白音楽試合」が放送され，人々が瓦礫の中から，希望を持ち復興へと向かっていく姿が見えてくる。

2. 高度経済成長期

（1）経済・社会の変化

　昭和30年代から昭和40年代にかけての経済成長を「高度経済成長期」と呼んでいる。特に昭和30年代，実質経済成長率は年平均9.0％，設備投資は16.7％にも達した（高橋，1995）ため，この時期を第1次高度経済成長期と呼ぶ。この時期のことを表した言葉として，昭和31（1956）年『経済白書』の，「もはや『戦後』ではない」が有名であろう。この時期は，3つの好況期と3つの不況期からなっているが，好況期の影響がとくに大きい。最初の「神武景気」は（昭和29年11月〜32年6月，31ヵ月），各種の産業で一斉に技術革新が始まり景気が拡大した。民間設備投資は昭和31（1956）年に58％，昭和32（1957）年に24％の増加を示した（金森，1991）。その後の「岩戸景気」（昭和33年6月〜36年12月，42ヵ月）では，民間設備投資は昭和34（1959）年に28％，昭和35（1960）年には43％増と急増した。「いざなぎ景気」（昭和40年11月〜昭和45年7月，57ヵ月）では，非製造業の設備投資がされ，昭和40（1965）年には16％の増加を示した。特に合繊，家電，石油化学，自動車等の産業（高橋，1995）を中心に設備投資が進み，この投資に伴って関連産業に投資がなされ，経済効果の波及が進んだ。

　池田内閣の「国民所得倍増計画」（昭和35年）は，昭和36（1961）年〜昭和45（1970）年度の10年間で国民所得を倍増，年平均成長率を7.2％とするものであったが，成長率は12％，設備投資は15.7％の増加を示し，実質国民総生産は6年，国民1人あたりの実質国民所得は7年

で達成された（高橋，1995）。国民の所得が増えたと同時に「技術革命」，「消費革命」，「流通革命」によって，モノが出回り，戦争で抑えられていた消費欲に火がつき，国民の生活水準は向上した。昭和36（1961）年に入っても，実質経済成長率は2桁成長であった。しかし徐々に好景気も収束し，昭和39（1964）年には東京オリンピックが開幕したが，関連の公共投資，民間の建設投資には寄与したものの，景気回復につながるほどのものではなく，その後不況へと転じていくことになる。

　急激な経済成長は，単にプラスの面ばかりでなく，水俣病，四日市ぜんそく，イタイイタイ病をはじめとする公害を引き起こしていた。この時にもう少しそのスピードをセーブできていたら，現在の環境問題は起こっていなかったのかもしれない。

（2）生活の変化

　「国民所得倍増計画」によって，家計も大きく影響を受けた。貯蓄率も昭和30（1955）年あたりから10％を超え増加傾向を示すようになる（橘木，2006）。昭和28（1953）年は「電化元年」と呼ばれ，「三種の神器」である電気洗濯機，電気掃除機，冷蔵庫が普及した（図2-3）。ただし，昭和28（1953）年当時のテレビの価格は，平均的サラリーマンの給料の10ヵ月以上という高嶺の花であったが，技術革新と消費革命によって，昭和34（1959）年には3倍以下まで安くなった。これによって普及率も昭和32（1957）年は7.8％であったが，「皇太子ご成婚」の効果があり，昭和39（1964）年には93.5％まで広がった。昭和36（1961）年には当時サラリーマンの平均月収が約45,000円だった時代に，冷凍冷蔵庫が約6万円であったが，普及率も昭和40（1965）年には50％を超えるようになった。昭和41（1966）年には「新三種の神器」とも3C

主要耐久消費財の世帯普及率の推移（1957年〜2024年）

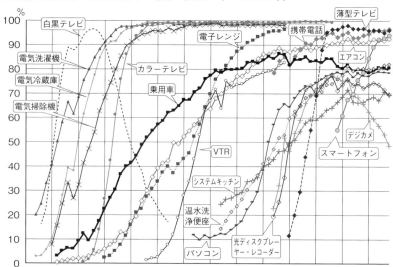

（注）二人以上の世帯が対照。1963年までは人口5万以上の都市世帯のみ。1957年は9月調査、58〜77年は2月調査、78年以降は3月調査。05年より調査品目変更。多くの品目の15年の低下は調査票変更の影響もある。デジカメは05年よりカメラ付き携帯を含まず。薄型テレビはカラーテレビの一部。光ディスクプレーヤー・レコーダーはDVD用、ブルーレイ用を含む。カラーテレビは2014年からブラウン管テレビは対象外となり薄型テレビに一本化。
（資料）内閣府「消費動向調査」

図2-3　主要耐久消費財の普及率
　　　　（出典）https://honkawa2.sakura.ne.jp/2280.html（参照日2024年7月10日）

ともいわれた，カラーテレビ，クーラー，カー（自動車）の普及が進むことになる。戦後，物がなかった時代から，日本は急速に所得が増えたことによって，皆が同じ消費財を購入する「大衆消費社会」へと突入するのである。特に洗濯機と冷蔵庫は女性の家事労働を軽減した。また，女性が外に働きに出ることをも可能にした（橘木，2006）。昭和38（1963）年には団地族の間に「かぎっ子」が登場したことも，共働きの

増加を物語っている。

食生活では，エンゲル係数が戦後初めて40％を割り，生活が安定してきた。食生活も次第に洋風化が進み，昭和32（1957）年には給食にパンが支給された。また，米軍向けだったレタス，セロリ，カリフラワーなどの西洋野菜が家庭でも消費されるようになり，その後もオクラ，アスパラガス，マッシュルームなどが台頭した。反対に大根，にんじん，キャベツ，終戦直後に主食であったいも類の摂取量が急減した（図2-4）。主食の米類の摂取量も減少した。そして対照的に肉類・乳製品などの動物性食品摂取量が大きく伸びた。今では何百種類もあるが，日清食品が昭和33（1958）年に「チキンラーメン」を初めて発売し，この年だけで1,300万食が生産されるほど人気を博した。その後も市場の拡大から1年間で1億5,000万食も生産されるようになった。昭和38（1963）年にはコーンフレークが発売され，ご飯とパンだった朝食に変化が生じるようになった。昭和37（1962）年には，年間1人あたり米の消費量が戦後最高の118.3kgとなったが，以後減少した（家計総合研究会，1997）ことも洋食化と関係があるであろう。

住生活にも変化が生じた。昭和30（1955）年に住宅公団が創設された。最初は大阪堺市で900戸，2DKで家賃は4,000円～4,800円であった。当時の大卒の初任給は12,000円～13,000円だったので，収入の4割をも占め高額であったことがわかる。団地には，ステンレスの流し台，水洗トイレが備えられていた。昭和33（1958）年には入居者が100万人を突破し，「団地族」といわれ，憧れの的となった。昭和38（1963）年になると，第1次マンションブームが始まり，マンション建設が活発となった。家庭用の風呂の普及率は67.8％にまで上昇し，公衆浴場の経営が悪化し始めた。このように，昭和30年代の分譲マンション，ニュータウン，団地の大量建設による性急な工事によって住宅に関する

食生活の変化（1910年代以降）

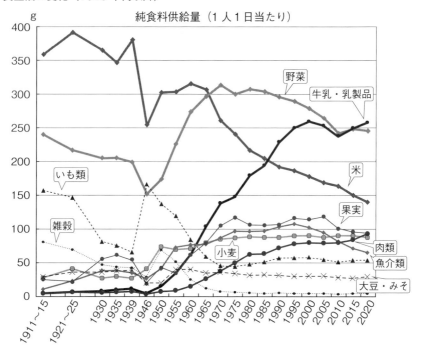

図2-4　食品摂取量の変化
（出典）http://www2.ttcn.ne.jp/honkawa/0280.html（参照日2024年7月10日）

事故が相次ぐようになった。

　衣生活でも洋装が定着するようになった。昭和40（1965）年には，ミニスカートが流行し，日本中の女性がミニスカートで闊歩するようになった。また男性にはアイビーファッションが爆発的に流行し，おしゃれを楽しむ時代になってきた。

　華やかな生活の変化の裏側に，公害の影や多くの不正な食品による消費者問題，そしてごみ問題が浮き彫りになってきたのもこの時代の特徴

である。都市への人口集中によって、ごみが街に溢れるようになった。昭和35 (1961) 年からこれまで街角に生ごみが置かれていたが、ポリ容器によってゴミ収集を始める都市も現れるようになった。生活は徐々に豊かになり、戦後の貧困からは脱却し、先進国の仲間入りを果たすようになったが、生活水準はまだ発展途上にあり、見えないところで、ほころびが出始めたのもこの頃である。

3. バブル期，平成不況と好況期

　昭和48 (1973) 年の第1次オイルショック、昭和53 (1978) 年の第2次オイルショックを経て、奇跡的成長を遂げた高度経済成長期が終わるが、その後もバブル期が始まる昭和60 (1985) 年頃までは安定成長期であった。昭和62 (1987) 年には、日本は1人当たり国民所得でイギリス、フランス、ドイツ、スウェーデン、イタリア、そしてアメリカをも追い越し、世界が認める経済大国にまで成長したのである。貯蓄率も20%を超え、高貯蓄率は海外からも関心が集まった。

（1）経済の変化
　バブル景気は昭和61 (1986) 年12月に株と土地の価格の高騰によって起こり、平成3 (1991) 年2月に崩壊した。その後戦後最長の不況期（平成不況）へと向かうことになる。バブル経済とは、その名の通り、実態のない泡の経済を指す。株と土地の価格を実態よりも吊り上げ、利益を得ようと投資活動が活発化した。地上げ屋が登場し、土地の買い占めが起こり、特に都心部を中心に地価は高騰した（図2-5）。バブル期の資産価格の急騰は、『経済白書』（平成5年度）によると、企業収益が増益基調であったこと、東京都心部におけるオフィス需要が増加したこと、また、金利低下であったことに加えて、自己増殖的な投機行動が

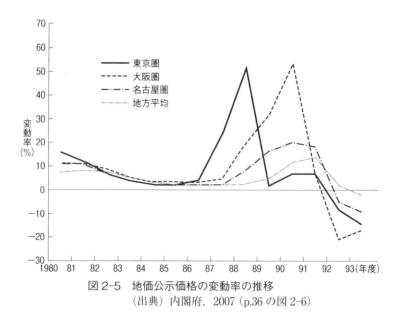

図 2-5　地価公示価格の変動率の推移
（出典）内閣府，2007（p.36 の図 2-6）

あったことをその理由にあげている。さらにこれらの投機行動を金融の規制緩和により，金融機関が積極的に融資したことも後押ししている（高橋，1995）。

　しかし，平成 2（1990）年になると，債券，円相場，株価が下落，地価も下落し，バブル経済がはじけた。平成 4（1992）年 8 月には株価は 14,309 円まで下落したが，これは昭和恐慌に匹敵するものとされた（高橋，1995）。ここから長い平成不況に突入することになる。この時期は，低成長による残業カット，ボーナスカット，給料カット，そしてリストラへと雇用形態が不安定になった。日本型の終身雇用や年功序列制が崩れ，社会保障制度も不安定となり，国民が将来の生活に不安を抱くようになったのもこの時期からである。このことは同時に，消費の低迷を引き起こした。さらに，長い好況を経験してきただけに，家はモノで

第2章　戦後の経済変化と生活 | **35**

溢れている。高度経済成長期ほどの消費欲がなかったことも，消費の低迷に拍車をかけたといえよう。

　ただ，平成14（2002）年2月から景気が徐々によくなり，「いざなぎ景気」を抜く戦後最長の景気の到来といわれるようになったが，その実感はあまりなかった。成長率は実質も名目もこれまでの景気に比べて極めて低く，さらに月給は下がっていたからである。完全失業率はバブル経済崩壊後に上昇し，平成7（1995）年以降3％を上回り，平成14（2002）年には5.4％に達した。それとともに短時間労働者の数が増え，昭和60（1985）年までは11.1％であったが，平成2（1990）年に15.2％，平成17（2005）年には24％にまで増加し，雇用形態も不安定な時代となったのである。表2-2は，戦後から2020年までの景気の波を示したものである。

（2）生活の変化

　第1次石油ショックと第2次石油ショックによって，家庭はスーパーに洗剤やトイレットペーパーを買いだめに走ったが，そのことで余計に品不足を引き起こした。しかし，戦争を経験している世代が多かったためか，パニック状態の中にも，「なければないでどうにかなる」という気配も感じられた。そしてこの石油ショックがきっかけとなって，全国でリサイクル運動が始まった。岐阜県大垣市役所の空き瓶回収がきっかけとされている（家庭総合研究会，1997）。省エネルックなる服も昭和54（1979）年に登場したが，半そでのジャケットはあまりファッショナブルではなかったせいか，平成のクールビズ，ウォームビズとは反対に，さほど浸透しなかった。

　世の中がバブル経済で華やかなりし頃，一般の家計はそれほど影響を受けなかったといってよい。株や土地に投機できたのは，資産のある一

表 2-2　景気基準日付

循環	谷	山	谷	期間			(参考)四半期基準日付	
				拡張	後退	全循環	山	谷
第1循環		1951年6月 (昭和26年6月)	1951年10月 (昭和26年10月)		4か月		1951年4-6月 (昭和26年4-6月)	1951年10-12月 (昭和26年10-12月)
第2循環	1951年10月 (昭和26年10月)	1954年1月 (昭和29年1月)	1954年11月 (昭和29年11月)	27か月	10か月	37か月	1954年1-3月 (昭和29年1-3月)	1954年10-12月 (昭和29年10-12月)
第3循環	1954年11月 (昭和29年11月)	1957年6月 (昭和32年6月)	1958年6月 (昭和33年6月)	31か月	12か月	43か月	1957年4-6月 (昭和32年4-6月)	1958年4-6月 (昭和33年4-6月)
第4循環	1958年6月 (昭和33年6月)	1961年12月 (昭和36年12月)	1962年10月 (昭和37年10月)	42か月	10か月	52か月	1961年10-12月 (昭和36年10-12月)	1962年10-12月 (昭和37年10-12月)
第5循環	1962年10月 (昭和37年10月)	1964年10月 (昭和39年10月)	1965年10月 (昭和40年10月)	24か月	12か月	36か月	1964年10-12月 (昭和39年10-12月)	1965年10-12月 (昭和40年10-12月)
第6循環	1965年10月 (昭和40年10月)	1970年7月 (昭和45年7月)	1971年12月 (昭和46年12月)	57か月	17か月	74か月	1970年7-9月 (昭和45年7-9月)	1971年10-12月 (昭和46年10-12月)
第7循環	1971年12月 (昭和46年12月)	1973年11月 (昭和48年11月)	1975年3月 (昭和50年3月)	23か月	16か月	39か月	1973年10-12月 (昭和48年10-12月)	1975年1-3月 (昭和50年1-3月)
第8循環	1975年3月 (昭和50年3月)	1977年1月 (昭和52年1月)	1977年10月 (昭和52年10月)	22か月	9か月	31か月	1977年1-3月 (昭和52年1-3月)	1977年10-12月 (昭和52年10-12月)
第9循環	1977年10月 (昭和52年10月)	1980年2月 (昭和55年2月)	1983年2月 (昭和58年2月)	28か月	36か月	64か月	1980年1-3月 (昭和55年1-3月)	1983年1-3月 (昭和58年1-3月)
第10循環	1983年2月 (昭和58年2月)	1985年6月 (昭和60年6月)	1986年11月 (昭和61年11月)	28か月	17か月	45か月	1985年4-6月 (昭和60年4-6月)	1986年10-12月 (昭和61年10-12月)
第11循環	1986年11月 (昭和61年11月)	1991年2月 (平成3年2月)	1993年10月 (平成5年10月)	51か月	32か月	83か月	1991年1-3月 (平成3年1-3月)	1993年10-12月 (平成5年10-12月)
第12循環	1993年10月 (平成5年10月)	1997年5月 (平成9年5月)	1999年1月 (平成11年1月)	43か月	20か月	63か月	1997年4-6月 (平成9年4-6月)	1999年1-3月 (平成11年1-3月)
第13循環	1999年1月 (平成11年1月)	2000年11月 (平成12年11月)	2002年1月 (平成14年1月)	22か月	14か月	36か月	2000年10-12月 (平成12年10-12月)	2002年1-3月 (平成14年1-3月)
第14循環	2002年1月 (平成14年1月)	2008年2月 (平成20年2月)	2009年3月 (平成21年3月)	73か月	13か月	86か月	2008年1-3月 (平成20年1-3月)	2009年1-3月 (平成21年1-3月)
第15循環	2009年3月 (平成21年3月)	2012年3月 (平成24年3月)	2012年11月 (平成24年11月)	36か月	8か月	44か月	2012年1-3月 (平成24年1-3月)	2012年10-12月 (平成24年10-12月)
第16循環	2012年11月 (平成24年11月)	2018年10月 (平成30年10月)	2020年5月 (令和2年5月)	71か月	19か月	90か月	2018年10-12月 (平成30年10-12月)	2020年4-6月 (令和2年4-6月)

(出典) 内閣府，2023

部の人であったし，主婦が株に手を出したのもこの時期であったが，一攫千金とまではいかなかった。この時期，東京都区内で50坪の土地を買い，30坪の家を建てるのに2億3,000万円が必要といわれた（家計総合研究会，1997）。昭和62（1987）年のサラリーマン世帯の平均負債高は前年比で6.7%増，住宅や土地の負債を抱えている世帯は722万円の負債を抱えており，いかに庶民にとって住宅が高値になってしまったかがわかる（図2-5）。首都圏の分譲住宅の応募倍率は最高367.9倍まで上がった。ただし，消費構造が大きく変わったわけでもなく，一般市民はバブリーな雰囲気を楽しんだにすぎなかったのである。金箔入りの様々な食品が発売されたが，庶民の贅沢はこの程度のものだったともいえる。平成2（1990）年にバブルがはじけたからではないが，エコロジーブームが起こった。平成3（1991）年にはリサイクル法も制定され，東京都も粗大ごみの有料化を実施するなど，環境に関心を持つ人が増えたことも，物質至上主義の象徴であったバブルの終焉を物語っているのかもしれない。

　その後の大不況期は，消費欲を抑えざるを得ない，就職の不安，社会の不安を引き起こした。貯蓄率も10%を下回るまで低下した。平成12（2000）年には130円だった大手のハンバーガーが65円に値下げしたのをはじめ，ファーストフードには100円の商品が増えた。また，100円ショップに代表されるように，様々な価格は安くなり，デフレへと向かった。しかし，月給も下がっていたため，消費力がアップすることはあまりなかった。平成14（2002）年以降の「最長景気」においても，家計消費はマイナスに転じている。全体として企業収益は上がったが，その収益は賃金には反映されなかった。完全失業率は高くなり，パート労働者が増えたことによって，一般消費者は，景気の恩恵を被ることなく，実感のない数字だけの景気となった（表2-2）。

4. コロナ禍の経済と生活への影響

　令和2（2020）年から新型コロナ感染症が世界に蔓延し，日本だけでなく，世界中の経済が停滞した。2021年2月には，ロシアのウクライナ侵攻が始まり，経済状況がさらに悪化した。2022年4月からはコロナとの共生を掲げ，経済も回していく方向となったが，ウクライナ侵攻，円安，環境の悪化など我々を取り巻く社会環境や自然環境は厳しいものとなっている。

　詳細に見ると，2022年4月からは，コロナの落ち込みから回復し，一気に海外での需要が拡大したが，中国の都市封鎖により人手不足・物流の停滞等の供給制約が連鎖的に起こり，世界的に供給が追いつかなかった。特に2022年あたりから異常気象が食料不足・もの不足の深刻化に拍車をかけた。またロシアのウクライナ侵攻によってエネルギー価格が高騰したことで日本でも多くのモノの値段が高くなった。ただしこれには，他の要因も影響している。例えば日本はインフレに見合うだけ，賃金が30年間上がっていない（図2-6），生産年齢人口が減り続けている，人口減少に加えて高齢化，社会保険料が上がっていることで手取りが増えない，海外でのインフレにより，原材料や燃料を海外に頼っているわが国はインフレのみ起こってしまうなどがあげられる。さらに日本の食料やエネルギーの自給率が上がってこなかった，福島第一原子力発電所の事故で原発が止まり，エネルギー自給率が下がったままであることも理由と考えられる。2020年以降，物価は世界的に上昇した（図2-7）。わが国は欧米に比べると物価上昇率は大きくはないが，企業努力だけでは値段の据え置きが困難になり，2022年1月から徐々に様々なモノやサービスの価格が上昇している。

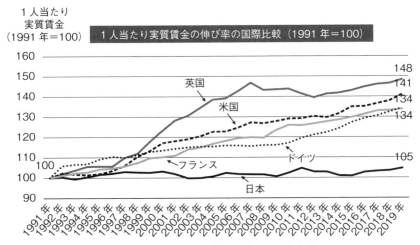

(注) 2019年の米国ドル（購買力平価ベース）により実質化した値。
国民経済計算における「賃金・俸給」を雇用者数で割った上で，雇用者の平均週労働時間に対するフルタイム雇用者の平均週労働時間の割合を乗じて計算された数値。
(出所) OECD.Stat を基に作成。

図2-6　1人当たり実質賃金の伸び率の国際比較
　　　（出典）内閣官房　新しい資本主義実現本部事務局『賃金・人的資本に関するデータ集』，2021年

　このような経済悪化により，新型コロナ関連倒産が増加し，全国で6,484件（2023年8月）にも上っている。またコロナ禍で苦しむ中小企業の資金繰り支援として「ゼロゼロ融資」（実質無利子・無担保，融資総額約43兆円）が2020年3月に始まったが，2023年7月から返済が本格化し，収益の改善の見通しが立たない企業の倒産も増えてきた。
　新型コロナ感染症は2023年5月に5類感染症に移行したことで，4年ぶりに国内外の旅行者が増加し，コロナ禍で窮地に立たされていた飲食業や旅行業にも明るい兆しが見え始めている。最低賃金も全国平均千円台となり，株価もバブル時代以来の高騰，賃金の上昇機運が高まってはいるが，円安が続いており，電気・ガソリンなどのエネルギー価格や

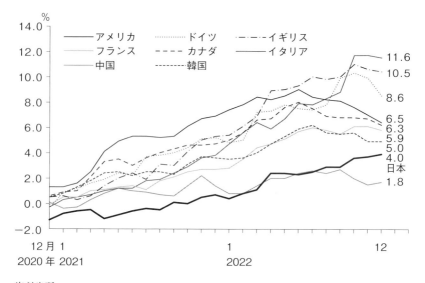

資料出所
総務省統計局「消費者物価指数」(月報参考表)

図2-7　コロナ禍の消費者物価指数の国際比較
　　　　（出典）独立行政法人労働政策研究・研修機構

　食品など，物価が賃金上昇率以上に上昇していることから生活はなかなか好転しない。これまでの経済循環を思い出し，今後の経済と生活の関係を客観的に捉える必要があろう。

引用文献

橘木俊詔，2006，『家計からみる日本経済』岩波書店
経済企画庁，1995，『平成7年版　国民生活白書』大蔵省印刷局
家庭総合研究会，1997，『昭和・平成家庭史年表』河出書房新社
高橋乗宣編，1995，『「経済白書」で読む奇跡の50年』日本実業出版社
馬場紀子・宮本みち子・御船美智子，2002，『生活経済論』有斐閣
内閣府，2007，『平成18年版　国民生活白書』社団法人時事画報社
厚生労働省，2007，『平成18年版　厚生労働白書』ぎょうせい
金森久雄編，1991，『戦後経済の軌跡—再論・経済白書—』中央経済社
日本経済新聞社，1985，『日経社説に見る戦後経済の歩み』日本経済新聞社
佐藤信，五味文彦，高杢利彦，鳥海靖編，2010『詳説　日本史研究』山川出版社
内閣府，2022，『消費動向調査』
内閣府経済社会総合研究所，2022，景気動向指数

学習課題

1. 経済・社会のできごとの年表を作り，そこに自分の誕生から現在までの年齢とイベントを書き入れてみよう！
2. 近年の経済政策が家計にどのような影響を与えているかを考察してみよう！

3 | 海外の家計研究の歴史

《**目標＆ポイント**》 現在の家計の問題を解決するには，これまでのお金にまつわる歴史を知っておくことは重要である。家計研究の歴史を語る場合，エンゲル係数で有名なエンゲルは，はずせない。家計研究の歴史をエンゲル以前，エンゲル，そしてエンゲル以後に分類して見てみよう。本章では，エンゲルを中心に，外国の家計研究の歴史を紐解いてみよう。

《**キーワード**》 エンゲル，エンゲル係数，エンゲル法則，エンゲル関数

1．エンゲル以前の家計研究

（1）「政治戦術」的手法の時代

18世紀前後のイギリスでは，家計は現在のように生活の問題としてではなく，国家の問題として取り上げられていた。経済学の創始者の1人であるペティ（Sir W. Petty）は，「国富」（国の経済）を計算して，アイルランドの通商力やイングランドの担税力を測定した（奥村・多田，1981）。彼は「国富」を計算するにあたって，一国の「消費」の大きさを計算する測定方法を用いた。これはこの時代，庶民は稼いだ収入を貯蓄に回す余裕はなく，ほとんど消費していたため，消費力をもって「国富」としたためである。彼は，国民の中位の人々の消費内容を金額に見積もり，これに人口を掛けて「国富」を算出した。ペティ以外にも，イギリスの「国富」を計算し，オランダやフランスのそれと比較することによって，イギリスの方が経済的に優位に立っていることを証明し，産業政策や貿易政策を論ずる手立てとする者も現れた。つまり家計

は，生活問題を解決するためではなく，「国富」を計算する手段として使われていたのである。このような方法を「政治算術」と呼ぶ。

（2）聞き取り調査の手法の時代

　イギリスでは，「囲い込み運動」によって，土地を追われた農民たちが，労働者への道を歩み始めた。18 世紀も終わりに近づくと，国民の中位の人々ではなく，このような労働者こそが，次の時代の原動力と考えられた。しかし彼らの生活が困窮していたことから，彼らの家計問題に関心が持たれるようになった。イギリスでは，教区長であったデービス（D. Davies）が，イングランド，ウェールズ，スコットランドの各教区から 137 の農業労働者の家計を集め，彼らの労働に対する正当な報酬を主張するために調査を行った。一方，イーデン（Sir F. M. Eden）は，農業労働者だけではなく，一般の労働者の家計も集めた。彼は，労働は生産の原動力であり，一国の繁栄は働く貧民の生活にかかっていると考え，労働者がどのような生活をしているかを，家計から明らかにすることを試みようとした。彼は，イングランドの 100 以上の労働者家計を 1792 年から 1796 年にかけて集め分析した。労働者家計に初めて関心が持たれたので，このデータを基に労働者の生活が改善されるのではないかと期待されたが，労働者世帯の貧困の原因は，収入不足ではなく，不用意な支出や贅沢による，労働者自身の心構えにあると結論づけられた。

　以後，産業革命の波及とともに，家計研究もイギリスからヨーロッパ大陸へと移る。ル・プレイ（F. Le-play）は，1830 年から 18 年間かけて，ヨーロッパとアジアの典型的と見られる 36 の労働者家族を選び，彼らの家庭生活を記録した。このような手法を「ル・プレイ法」と呼び，その後，社会調査の方法としてよく使われるようになった。彼は，

単なる聞き取り調査ではなく，調査する家族と暮らしながら，家計の観察を行った。ル・プレイは，今日の家計分類の原型ともいえる，源泉別の収入と用途別の支出（購入数量，価格）に体系的に分類する方法を考案した。

2. エンゲルの家計研究

（1）デュクペチオーの『ベルギー労働者の家計』

　エンゲルの家計研究を語る前に，デュクペチオー（E. Ducpetiaux）の研究に触れておかなければならない。なぜなら「エンゲル法則」は，デュクペチオーの研究がなければ生まれなかったかもしれないからである。この時代，イギリスだけでなく，ヨーロッパ各国では，様々な社会運動や政治運動が引き起こされていた。そのような中，各国で起こっている革命の原因を明らかにするために，労働者の生活を知る必要性が説かれ，労働者の家計を国際的に収集することが，1851 年の第 1 回国際統計専門会議で決定された。そしてベルギーの刑務所・慈善施設の監督長官であったデュクペチオーの助力を得て，1853 年，ベルギー国内から約 1,000 もの労働者の家計が収集された。その中から 199 の家計簿を整理し，153 の労働者家計の家計簿を収支項目別，収入階級別に分類し，『ベルギー労働者の家計』がまとめられた。彼の先駆的な試みは，まさに近代家計調査の出発点といえる（奥村・多田，1981）。エンゲル自身は家計調査を行わず，デュクペチオーのこの報告書を元に家計の分析を行ったことを考えると，デュクペチオーなくしてエンゲルの家計研究はなかったかもしれないということがわかるであろう。

　この報告書の中で用いられた収入階層は以下の 3 分類である。①無資力な窮乏家族，②資力が少なく，貯蓄することができない家族，③貯蓄しうる家族。支出も以下の 3 つに分類された。①肉体的維持のための支

出，②宗教的・道徳的ならびに知的目的のための支出，③奢侈的支出。
また彼は，ラウントリー方式（理論生計費方式）と呼ばれる，生活に最
低限必要な「生活用品」を「買い物かご」に入れて買ってきて，その費
用を金額に見積もって最低生活費を決定する方法の原型を用いている。
この結果，199の家計のうち79％の家族の生活は，「最低生活」の水準
には達していないことを明らかにした。このような生活実態が，社会不
安の原因となっていたと考えられる。

（2）エンゲルの家計研究

エンゲル（C. L. E. Engel, 1821-96）は，ザクセン王国の統計局長で
あった。彼は，生活費を中心とした研究を，「個人福祉の測定」，「家族
福祉の測定」，「国民福祉の測定」の3側面から行い，これらを合わせて
「デモス」（Demos）と呼ぼうとしていた（エンゲル，1947）。エンゲル
は人間の集団をデモス（民）と呼び，彼の学問体系にデモロギー
（Demologie）（多田，1965）という名称を与えたのである。現在もそう
であるが，この時代，大規模な家計調査を実施することは容易なことで
はなかった。このためエンゲルは，大々的に実施された，先のベルギー
の家計データを用いて，ザクセン王国の「消費の中数」である，平均的
消費額を推定した。これによって，ザクセン王国の「生産」と「消費」
の均衡を論じ，ザクセン王国の福祉水準を向上させるための政策を明ら
かにしようとしたのである。分析の結果，彼は，以下のように述べてい
る。

「国民の福祉は，『消費の中数』によって規定される。飲食物のため
の，そしてまた一般に肉体を維持するための支出が，総支出の中の
より少ない百分率を要求しているならば，国民は，それだけ豊かで

あり，反対の場合には，その逆である。支出のなかで飲食物や肉体
維持に回される割合が減少してゆく方向に，『消費の中数』が上昇
してゆくならば，それは福祉増大の証拠であり，下降すれば福祉減
少の証拠である。」（多田，1989）

この文章こそ，「エンゲル法則」を説明しているのであるが，エンゲ
ル自身が「エンゲル法則」と命名したわけではない。そして，続いて，

「飲食物が第一位の欲望であり，被服の欲望がこれにつぎ，さらに
住居の欲望，それから燃料および燈火の欲望がつづくことは，まっ
たく疑いの余地がない。」（多田，1989）

と述べている。これらが「エンゲル法則」として世間に知れ渡るには，
その後のライトを待たなければならない。
　ベルギーでは，1891年にも188の家計を対象とした家計調査が実施
された。先に述べたように，エンゲル自身が家計調査を実施することは
なかったが，彼はこのベルギーの家計調査のデータを用いて「家族福祉
の測定」を行った（エンゲル，1968）。ここでもエンゲルは，以下のよ
うに簡潔に「エンゲル法則」を表している。

「人間の福祉の尺度は，肉体を維持するために必要な支出割合と，
残りの生活欲望をみたすために残されている支出割合によって示さ
れる比率によって表される」（多田，1989）。

　また，エンゲルは『ベルギー労働者の家計』のデータを用いて，「消
費単位」と呼ばれる世帯構成条件の違いを等質化する「ケト（Quet）」

を提唱した（表3-1）（エンゲル，1968）。これによって世帯構成の異なる家計を単位あたりの支出額に換算して，1853年と1891年のベルギー家計と比較した。この結果，ベルギーの労働者の経済状態は40年間で向上していることを明らかにした。エンゲルの「ケト」は，体重と身長の増加率を単位の根拠としているが，その後，カロリーを基にしたものや，「エンゲル関数」を用いて算出したものなど，様々な「消費単位」が算定され，最低生活費の裁定の根拠にも利用された。

エンゲルは，「家計」の問題こそ，生活問題の核心であり，これを解決することなくして，労働問題や社会問題の解決策はありえないと確信していたのである（多田，1989）。

表 3-1　エンゲルのケト

年　齢	男　子	女　子
0	1.00	1.00
1	1.10	1.10
2	1.20	1.20
3	1.30	1.30
4	1.40	1.40
5	1.50	1.50
6	1.60	1.60
7	1.70	1.70
8	1.80	1.80
9	1.90	1.90
10	2.00	2.00
11	2.10	2.10
12	2.20	2.20
13	2.30	2.30
14	2.40	2.40
15	2.50	2.50
16	2.60	2.60
17	2.70	2.70
18	2.80	2.80
19	2.90	2.90
20	3.00	3.00
21	3.10	3.00
22	3.20	3.00
23	3.30	3.00
24	3.40	3.00
25歳以上	3.50	3.00

（出典）エンゲル『ベルギー労働者家族の生活費』1968より作成

3. エンゲル以後の家計研究

(1)『エンゲル法則』をめぐる人々

エンゲルが明らかにした法則を「エンゲル法則」として世に広めたのは，アメリカのマサチューセッツ州労働局長であったライト (C. D. Wright) である。彼は1875年に熟練労働者および非熟練労働者397世帯の家計調査を実施し，その調査報告書の中で「エンゲル法則」が当てはまることを明らかにしている。それが以下に示す「四命題式のエンゲル法則」（図3-1）といわれるものである。

「四命題式のエンゲル法則」（多田，1989）

1 収入が大きくなるにしたがって，食料に対する支出割合は次第に減少する。
2 被服に対する支出割合は，収入の大きさの如何にかかわらず，ほぼ同一である。
3 住居，すなわち家賃や光熱費にたいする支出割合は，収入の大きさの如何にかかわらず，常に同一である。
4 収入が大きくなるにしたがって，雑費に対する支出割合は次第に大きくなる。

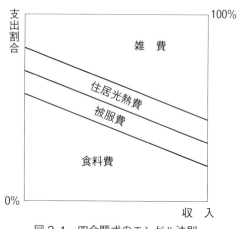

図3-1 四命題式のエンゲル法則
（出典）多田，1989，p.188

同様にシュワーベ（H. Schwabe）は，1868年のベルリン市の統計局
が実施した調査資料を用いて，「貧乏になればなるほど，所得のうち家
賃に支出しなければならない割合は大きくなる」と結論づけ，これは
「シュワーベの法則」として知られている。また，オグバーン（W. F.
Ogburn）も，収入が増加するにしたがって被服費の割合が増大し，家
賃および光熱費の割合は減少することを1919年に実証した。

　「エンゲル法則」が普及し，家計研究が発展するに従って，各国で
「エンゲル法則」が紹介され，「エンゲル法則」が確認されるようにな
る。また「エンゲル法則」が見出せない階級が存在することも指摘され
た。ジンマーマン（C. C. Zimmerman）は，特定の時期や特定の世帯に
は，「エンゲル法則」があてはまらないことを実証している。彼は，最
貧困層は食べるものも食べられず，食べるものを我慢しているので，他
の費目の割合の方が高い場合があり，収入が増えると真っ先に食費を増
やすので，収入の増加と食費の支出割合の増加は，ある収入水準までは
比例し，その後「エンゲル法則」に従うことを実証したのである。実は
このことについては，「第6章　家計をめぐる法則」で見るように，わ
が国の研究者の方が時代的には早く指摘していた。

　このようにエンゲルの仕事は，以後の家計研究に大きな影響を与える
ことになる。エンゲル以後，「エンゲル法則」をめぐって議論が戦わさ
れ，彼の理論は多くの国で実証されるようになった。それと同時に家計
研究の方法論は，家計分析理論を用いたものへと移っていくことにな
る。

（2）最低生活費の研究

　エンゲルは国家や家族福祉の測定を目的として研究を進めていたが，
貧困の測定とその対策のための貧乏調査がヨーロッパで多く実施されて

いた。ブース（C. Booth）は，1889年にロンドンで調査を行い，当時のロンドン市民の生活状態をその居住区の有様や職業といった社会的指標から以下に示す8つの生活水準に分類した。①臨時労働者の最下層（the lowest class），②臨時賃金取得者（the very poor），③間欠的賃金取得者（the poor），④規則的少額賃金取得者（the poor），⑤規則的標準賃金取得者，⑥上級労働者，⑦中流階級の下，⑧中流階級の上。そして，それぞれの階級の人口を算出し，その構成比を求めた。その結果，規則的少額賃金取得者以上の人口構成が69.3％であるが，それより下に30.7％も存在することを明らかにした。

　さらにラウントリー（B. S. Rowntree）は，イギリスのヨーク市をイギリスの典型的地域として，都市の生活を研究した（ラウントリー，1959）。ここでラウントリーは，最低生活費を17シリング8ペンスと設定し，これを貧乏線（poverty line）として，それより下を第1次的貧乏（primary poverty），それより上を第2次的貧乏（secondary poverty）とし，それぞれの人口の構成比を求め，どれほど多くの人が貧困でいるかを明らかにした。第1次的貧乏とは，収入が家族員の単なる肉体的能率を保持するための最小限度にも足りない家庭で，第2次的貧乏とは，収入の一部が他の費目に転用されない限り，単なる肉体的能率を保持するために十分な家庭としている（ラウントリー，1975）。彼は，同様の調査を1899年，1936年，1950年の合計3回行い，ヨークの貧困者が減少し，「福祉国家」と呼ばれる段階に達したことを証明している（ラウントリー，1943）。これは，イギリスの社会保障制度が1942年の「ビバレッジ報告書」によって策定されたことによる。

（3）家計分析と計量経済学

　家計調査とその分析が，徐々にその対象や方法を変化させ，家計分析

の一般化へと向かったのは，1930年代の計量経済学の誕生に拠るところが大きい。それまでもエンゲルらによって，支出割合などの形で，家計を明らかにするために数値を用いるようになっていたが，計量経済学によって，家計研究は新開地を切り開いた。その最初が，アレンとバウリー（R. G. D. Allen and Sir A. L. Bowley）である。彼らは，1904年に実施されたイギリスの労働者世帯の家計調査（調査数1,944）から，平均支出額，支出額の変動，支出額分布の理論的分析，価値の理論の再考察の3つを明らかにした（Allen and Bowley, 1935）。平均支出額の項目では，食費やその他の費目の支出額と収入との関係に回帰直線をあてはめ，「エンゲル法則」を単に食費だけでなく，他の費目にも一般化することができることを明らかにしたのである（図3-2）。このように「エンゲル法則」を一般化した手法を「エンゲル関数」と呼んでいる。また，この関数式から，「ぜいたく品」や「必需品」を示す尺度も算出した。さらに，彼らは支出額分布の理論的分析において，消費者選択の理論の定式化を行った。

彼ら以後，プレイスとハウタッカー（S. J. Prais and H. S. Houthakker）など，多くの計量経済学者によって，「消費単位」の算出や家計研究が進められるようになっ

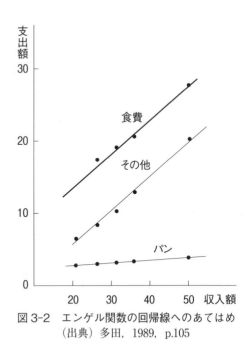

図3-2　エンゲル関数の回帰線へのあてはめ
（出典）多田，1989, p.105

た。しかし，理論を実際の家計データへ適用できるかどうかについては議論の余地がある。

参考文献

奥村忠雄・多田吉三，1981，『家計調査の方法』光生館

多田吉三，1989，『生活経済学』晃洋書房

E. エンゲル，1947，『労働の価格・人間の価格』森戸辰男訳，第一出版

多田吉三，1965，「エンゲルの『国民福祉の測定』論について」大阪市立大学社会福祉研究会，社会福祉論集第12・13号

E. エンゲル，1968，『ベルギー労働者家族の生活費』森戸辰男訳 統計学古典選集復刻版第5巻，第一出版

B. S. ラウントリー，1975，『貧乏研究』長沼弘毅訳，千城

B. S. ラウントリー，1943，『最低生活研究』長沼弘毅訳，高山書院，第2版

R. G. D. Allen and Sir A. L. Bowley, *Family Expenditure, A Study of its Variation*, P. S. King & Son. Ltd., London, 1935

William Petty, "The Political Anatomy of Ireland", 1672, 松川七郎訳，1951，『アイルランドの政治的解剖』岩波文庫

William Petty, "Political Arithmetic", 1690, 大内兵衛・松川七郎訳，1955，『政治算術』岩波文庫

David Davies, "The Case of Labourers in Husbandry", 1795

Sir F. M. Eden, "The State of the Poor or a History of the Labouring in England, from the Conquest to the Present Period, in which are particularly Considered their Domestic Economy, with respect to Diet, Press, Fuel and Habitation etc", 3 vols., 1797

F. Le Play, *Les ouvriers européens*, études sur les travaux, la vie domestique, et la condition morale des populations ouvrières de l'Europe, 1855

E. Ducpetiaux, *Budgets économiques des classes ouvrièrs en Belgique*, M. Hayez, IMP. De La Commission Centrale de Statistique, Bruxelles, 1855

E. Engel, *Productions-und Consumtions-verhaltnisse des Konigreichs Sachsen* 1857

(E. エンゲル『ベルギー労働者家族の生活費』，森戸辰男訳，統計学古典選集復刻版第5巻，第1出版に所収，1968)

奥村忠雄，1962，「外国における家計研究の系譜（Ⅱ）」大阪市立大学家政学部紀要，10

大藪千穂・多田吉三，1991，「消費単位の歴史」大阪市立大学生活科学部紀要，39，335-354

C. D. Wight, Sixth Annual Report of the Massachusetts Bureau of Labor, Part4, 1875

H. Schwabe, *Die Verhaltniss von Miethe und Einkommen in Berlin*, Berlin und seine Entwickelung Zweiter Jahrgang, Berlin, 1868

W. F. Ogburn, *Analysis of the Standard of Living in the District of Columbia in 1916*, Quarterly Publication of the American Statistical Association, June, p.16, 1919

C. Booth, *Life and Labour of the People in London*, 1889

大藪千穂・多田吉三，1990，「プレイスとハウタッカーの消費単位の検証」大阪市立大学生活科学部紀要，38，343-357

S. J. Prais and H. S. Houthakker, *The Analysis of Family Budgets*, Cambridge University Press, 1955

学習課題

1. 「エンゲル法則」が，自分の家計にもあてはまるか，エンゲル係数を計算してみよう！

2. 「四命題式エンゲル法則」があてはまるか，自分の家計で確かめてみよう！

4 | わが国の家計調査の歴史

《**目標＆ポイント**》 家計簿記帳が個人のためのものとして一般化するまでには，かなりの時間を要した。家計研究と同様に，家計簿も現在のような，個人の楽しみや生活設計のために記帳，活用されるのではなく，国家の経済力（「国富」）を測定するための基礎データとしての役割を持っていた。本章では，わが国の家計調査の歴史を概観して，家計の問題に対してどのような関心が持たれてきたかを考えたい。
《**キーワード**》 政治算術，家計調査，生計費，家計

---

1. 家計調査が成立するまで

（1）「政治戦術」的手法

　外国の家計研究と同じように，わが国においても，「政治算術」の手段として，国民の生活状態に関心が持たれるようになった。特に明治10（1877）年の西南の役の後始末や，新政府の確立により，財政は逼迫し，国民の生活は苦しかった。このためこの頃すでに全国各府県において貧民調査が実施されていた。明治18（1885）年の山梨県の調査では，20％の貧民が存在し，そのうち，生活無能力者とされる「極貧民」が15,521人であったとされる（多田，1989b）。

　農商務省大書記官であった前田正名は，3年の月日を費やして『興業意見』を編纂し，国民の生活程度を「上等」，「中等」，「下等」の3つに分類し，それらに属する人口の割合を求めた。「上等」生活者とは，「衣食住の費用が米価（白米1石）の十倍を要する（1人1年110円82銭5

厘）」もので，その人口割合は 13.2%，「中等」生活者とは「衣食住の費用が米価の 5 倍を要する（1 人 1 年 60 円 45 銭）」もので人口割合は 29.2%，「下等」生活者とは「衣食住の費用が米価の 2 倍を要する（1 人 1 年 20 円 15 銭）」もので，人口割合は 57.6% と見積もった。そして「下等」生活者を「中等」生活者まで引き上げるためには，1 人 1 年あたり 40 円 30 銭，総額約 8 億 5,963 万円も必要であると試算した。当時の国家予算が約 6,000 万円であったことからも，いかに金額が足りないかが明らかである。そしてこのための 10 ヵ年計画として「殖産興業」策を提案している（多田，1989b）。

また，農民の貧困をどのように救済すればよいかを見出すために，外国の農政学者によって，農家家計の実態も明らかにされ，明治 23（1890）年に「農家経済調査」が生まれた。これが農林水産省の「農家経済調査」，「農家生計費調査」の前身となる（多田，1989a）。

（2）聞き取り調査

海外の家計研究と同様に，明治中期になると，都市生活の最下層の貧民の生活を調査する「聞き取り調査」が実施されるようになった。これは，貧民窟の周辺に存在する労働者こそが次世代の労働者層になると感じさせるものがあったからであろう（多田，1989a）。彼らの生活は，横山源之助の『日本之下層社会』や，農商務省工場調査係の『職工事情』で詳しく示されている。新聞記者であった横山源之助は，外国の家計調査にも関心を持っていたため，それらも紹介し，自身が観察した結果を倫理的に分析するのではなく，生計費の事実として明らかにした。そして労働者の生計費の圧迫が，労働時間の延長や労働強化となって，社会問題の原因をなしていることを指摘した（多田，1989b）。また『職工事情』では，日清戦争後，働く貧民から職工へと成長した労働者階級を

その調査の対象としており，職工の家計記録が収められている。これら
がその後の農商務省の生計費調査の原型となっている。

　明治40年代に入ると，日露戦争や産業発展による都市生活者の生計
費問題が社会問題化するようになり，社会政策学会（明治40年創立）
で取り上げられた。ここでは，「工業労働者生計費調査」（明治42年）
が紹介された。これは農商務省が実施したアンケートで，わが国で初め
ての統計の形をとった家計データであった。また，イギリス，フラン
ス，ドイツ，ベルギーの生計費調査研究が紹介され，労働者家計へ関心
が深まるようになった。

2. 統計的手法を用いた家計調査の成立

（1）「家計調査狂時代」

　労働者の生計費問題が社会問題となってきたが，家計実態は明らかに
なっておらず，家計研究も発展したわけではなかった。しかしエンゲル
の業績が明治17（1884）年に杉享二によって翻訳紹介され，「エンゲル
法則」が発表されると，わが国でも同様の調査を実施し，「エンゲル法
則」が自国でも証明されるのかを試したいと考える者が多く現れてき
た。そのような中，大正5（1916）年，統計学者，高野岩三郎は，わが
国で始めて家計簿記法による家計調査を実施した。それが「東京に於け
る二十職工家計調査」（多田，1991）である。高野はこれまでに外国の
家計調査について，「シッフ氏家計調査方法論」などで詳しく紹介して
いるが（多田，1992b），同様の調査をしたいと考えていたのである（大
島，1968）。この調査は，労働組合「友愛会」の幹部研修会で参加者が
募られた。調査は，大正5（1916）年5月の1ヵ月間行われた。21世帯
分の家計簿が回収されたが，そのうち，20世帯の家計簿を，収入は源
泉別に，そして支出は用途別に集計し，これまでの生計費調査分析によ

く見られた主観的判断は排除され，簿記的にも整合性のあるものとなった（多田，1989b）。分析の結果，20世帯のうち7世帯は赤字家計であることが明らかになった。そして，典型的とされる20世帯の労働者の家計ですら，「大多数は少許の剰余かあるいは不足を生じたる有様」（多田，1991）であること，そして総支出の3分の1強は，米代と家賃（食費と住居費）で占められており，これに光熱，被服，保健などの生活必需費を算入すると，総支出の80.8%に及ぶとし，まさに「エンゲルの法則」が生きていることを証明した（多田，1989a）。

　高野岩三郎の家計調査は，「生活難の克服を，生活の実態を実証しないまま抽象的に論じていた状態に一石を投じた。」（多田，1989a）といわれている。その後，大正末期までの間に「家計調査狂時代」といわれるほど多くの家計調査が実施されるきっかけとなった。この時代は，大正7（1918）年に米騒動が引き起こされたことからわかるように，労働者の生活苦の時代で，その原因を知るために家計調査に期待が寄せられたのである。この時期には，家計簿を使用した調査が32，家計簿法によらないもの，あるいは不明のものが53と，大正15（1926）年までの10年間に，合計85もの家計調査が実施された。しかし，それほど多くの家計調査が実施されたにもかかわらず，家計分析の結果やその手法，政策にはあまり見るべきものはなく，調査によって時間を稼ぐ「鎮静剤的役割」を持っていたといわれている（多田，1989b）。

　大正中期には，森本厚吉などによって，家計のデータを用いた最低生活費の研究が進んだ。そして太平洋戦争が始まってから安藤政吉らによって本格的に研究がされた。安藤は，「標準最低賃金」の基礎となる生活費を「マーケット・バスケット方式」（買い物かご（マーケット・バスケット）を持って買い物に行き，生活に必要な生活用品を買い物かごに入れて，それを金額にする方法）によって明らかにした（安藤，

1941）。

（2）内閣統計局の「家計調査」

「家計調査狂時代」に終止符を打ったのが，大正15（1926）年の9月から内閣統計局（現総務省統計局）によって全国的に実施された「家計調査」である（多田，1994）。調査対象者は全国規模で，1万1,823世帯の応募者の中から選んだ7,856世帯に，1年間にわたる家計簿記帳を依頼した。初めての極めて規模の大きな調査であったため，記入漏れや回収には様々な手段がとられ，調査開始前の1ヵ月間は予習にあてられていたほどであった。なおこのとき，1年間の家計調査に参加した世帯には，感謝状と記念品（置時計）がプレゼントされている。調査の結果，1年間継続記入した世帯は6,505世帯（最初の82.8％），集計編成されたのは給料生活者1,575世帯，労働者3,210世帯，農業者670の合計5,455世帯（最初の69.4％）であった。この調査結果は，全4巻の「家計調査報告」として内閣統計局から出版されたが，調査のデータを用いた分析はそれほどされなかった。

内閣統計局の家計調査が大々的に実施されたためか，その後，種々の家計調査は実施されなくなった。調査にとって結果の公表と分析が最も重要なことであるのにもかかわらず，データの集計，編成に全精力が注がれ，まさに「鎮静剤的役割」を持つのみであった。内閣統計局の調査はその後，昭和6（1931）年から，対象を都市の給料生活者及び労働者に限定し，規模を5分の1に縮小して，第2次世界大戦が起こるまで毎年継続された。しかし，調査実施の直接の理由は，「米穀法」による最高米価を決定するためのデータの収集であったされている（多田，1989b）。この調査は昭和18年まで毎年実施された。

第2次世界大戦に突入し，戦時体制になると，いかに生活を切り詰め

て，戦争のために労働力や資力を使うことができるかを研究しなければならなくなった。しかし，本来ならば生活が確保されなければ，戦争経済も発展しない（大河内，1940）。このため，戦時の最低生活費はどれほどなのか，労働時間はどこまで延ばすことが可能かなどを研究するための家計調査も，内閣統計局，厚生省，民間企業等で行われた。昭和16（1941）年には戦時下における消費者の生活の合理化，戦時割当制のための基礎資料を得るために家計調査が実施された。規模は，8,060世帯まで拡大した。しかし戦争が激化すると，それらの調査や結果は戦後になって昭和16（1941）年の10月分のみが刊行されるにとどまり，他の結果は日の目を見なくなった。

3. 戦後の家計調査

　第2次世界大戦で敗戦すると，日本は窮乏のどん底に落とされ，「タケノコ生活」が日常となる。大正時代に，生活が苦しい中，生活を良くしていくために家計調査が必要とされたように，戦後4年の間に48もの家計調査が実施された（多田，1989a）。これは大正中期の「家計調査狂時代」に匹敵するが，これらのデータは生活費や賃金の要求に使われた（多田，1989b）。しかし総理府統計局（前：内閣統計局，現：総務省統計局）が「家計調査」を実施するようになると，以前に内閣統計局の「家計調査」が実施された時と同様，様々な機関の調査は消えてしまった。

（1）「家計調査」ができるまで
　現在の「家計調査」の形になるまでは紆余曲折があった。戦後，国民の安定を図るため，物価庁によって「家計調査」は引き継がれた。その後，経済安定本部，労働省に移管されたが，昭和23（1948）年には消滅

している。

一方,「消費者価格調査」は GHQ（General Head Quarters）の指令に基づき,総理府統計局によって昭和21（1946）年から全国の28市に居住する世帯を対象に,約5,600世帯が選ばれ実施された。この時代は公定価格とヤミ価格の二重価格が存在していたが,この価格調査は,両方の価格を用いて「実効価格」を求め,消費者物価指数（CPI：Consumer Price Index）（「第6章　家計をめぐる法則」を参照）を算定することが目的であった。「実効価格」とは,例えば,公定価格で買った米の金額とヤミ価格で買った米の金額の加重平均の価格を指す。これを求めるためには,家計が購入した生活用品の購入価格と購入数量のデータが必要となるので,「消費者価格調査」は家計調査の役割も果たしていたといえる。しかし,この調査には「収入」のデータが抜けていたため,昭和23（1948）年7月から「勤労者世帯収入調査」が実施されることになる。ところが,この「勤労者世帯収入調査」と「消費者価格調査」は,同一世帯のデータではなかったため,昭和25（1950）年9月にこれら2つの調査を1つにまとめ,昭和26（1951）年11月から名称を「消費実態調査」とした調査が生まれた。これによって戦後の家計調査が本格的に始まったといえる。「消費実態調査」は調査世帯数を4,200世帯に変更している。その後,昭和28（1953）年1月からは,分類方法を「品目分類」から「用途分類」に変え（「第5章　家計収支と家計簿記帳」を参照),昭和28（1953）年4月からは「家計調査」と呼ばれるようになり,現在の「家計調査」へ引き継がれることになる。物価に関する調査は,戦後経済が落ち着いてきたことから「小売物価統計調査」として新たに開始された。

（2）「家計調査」

「家計調査」は，昭和 37（1962）年 7 月になると，標本設計を全面的
に改正し，全国 170 市町村，約 8,000 世帯を調査対象とする大規模な調
査となった。昭和 47（1972）年 7 月には，沖縄復帰に伴って沖縄県を調
査地域に加えている。また，昭和 56（1981）年 1 月からは，これまで用
いられていた「5 大費目」分類（食料費，住居費，光熱費，被服費，そ
の他の諸費）から，「10 大費目」分類（食料費，住居費，光熱・水道
費，家具・家事用品費，被服及び履物費，保健医療費，交通通信費，教
育費，教養娯楽費，その他の消費支出）へと変更された（「第 5 章　家
計収支と家計簿記帳」を参照）。なお，昭和 55（1980）年以前の 5 大費
目分類との比較が可能なように，10 大費目に組み替えた集計がされて
いるので，時系列比較ができるようになっている。また，国際比較も可
能なように，国際標準分類との整合性も勘案されている。

　平成 7（1995）年からは，高齢化や結婚年齢の上昇等による単身世帯
の増加に伴い，約 700 世帯の単身世帯を対象とした「単身世帯収支調
査」を実施している。平成 12（2000）年からは，これに大規模な寮・寄
宿舎に居住する単身世帯を加え，毎年約 750 世帯を調査対象とした。ま
た，平成 11（1999）年 7 月からは，これまで「家計調査」には含まれて
いなかった農林漁家世帯が調査に加えられた。さらに平成 14 年（2002
年）1 月には，これまで別に調査されていた「単身世帯収支調査」（平
成 7 年から平成 13 年まで）と世帯の貯蓄と負債の現在高を調査してい
た「貯蓄動向調査」が「家計調査」に統合された。「単身世帯収支調
査」は，平成 14 年から 16 年までは「家計調査年報　家計収支編（単
身・総世帯）」として刊行された。現在は，月別の 2 人以上の世帯の家
計収支の結果を示す「家計調査報告（月報）」，総世帯，2 人以上の世帯
及び単身世帯の年平均の結果を示す「家計調査年報　I 家計収支編」及

び，「家計調査年報　Ⅱ貯蓄・負債編」が刊行されている。家計収支編では，2人以上の世帯（勤労者世帯と勤労者以外の世帯）と単身世帯（勤労者世帯と勤労者以外の世帯）を総世帯と呼んでおり，調査対象としている。貯蓄・負債に関しては，平成14年1月からは「貯蓄動向調査」を「家計調査」に統合し，2人以上の世帯における貯蓄及び負債の状況についても「家計調査」において把握することになった。

　また平成30（2018）年1月からは農林漁家世帯の世帯区分が廃止され，オンライン調査を順次導入し，令和元（2019）年12月からは全地域でオンライン調査が実施されている。2人以上の世帯の調査結果は，主に地域・世帯・収入区分ごとに1世帯当たり1ヵ月間の収支金額にまとめられて，原則として調査月翌々月上旬に公表されている。年平均の結果は「家計調査年報」として翌年6月頃に刊行されている。単身世帯及び総世帯の家計収支に関する結果と，2人以上の世帯の貯蓄・負債に関する結果は，四半期ごとに公表されている。

　現在の家計調査は全国の世帯を調査対象者としているが，学生の単身世帯，病院等の入院者，外国人世帯などは世帯としての収入と支出を正確に計ることが難しいことから対象から外している。調査単位区は，1年間継続して調査され，毎月12分の1ずつが新たに選定された単位区と交替している。また単身世帯と2人以上の世帯は，3ヵ月間継続して調査され，順次，新しく選定された世帯と交替しながら調査されている。

　「家計調査」は，毎月実施されており，毎年報告書が公表されているため，時間の経過とともにデータの変化を見る「時系列データ」（タイム・シリーズデータ）として利用することができ，これらを用いた家計研究は，戦後様々な機関で行われるようになった。

（3）その他の調査

「家計調査」が毎月，約 8,000 世帯を調査対象として実施されているのに対して，より調査対象を増やし，詳細な横断面のデータ（クロス・セクションデータ）を取得することを目的に「全国消費実態調査」が昭和 34（1959）年から実施された。この調査は，対象世帯数が約 55,000 世帯と多いため，5 年に 1 回の実施である。また農林漁家世帯や単身世帯が最初から調査対象に含まれている。さらに，特定世帯として，夫婦共働き世帯，無職世帯，年金・恩給受給世帯，高齢者のいる世帯，母子世帯等，様々な世帯の家計を調査しているのが特徴である。ただ，平成 26（2014）年度の調査を最後に，2019 年から調査名を「全国家計構造調査」と名称変更して実施している。新たな調査は　全国から無作為に選定した約 9 万世帯を対象としており，10 月及び 11 月の 2 ヵ月間実施している。調査事項は，日々の家計の収入と支出，年間収入，預貯金などの金融資産，借入金，世帯構成，世帯員の就業・就学状況，現住居の状況などである。

また，貯蓄関係の調査としては，平成 12（2000）年までは総務省統計局が「家計調査」の附帯調査として，「貯蓄動向調査」を実施してきたが，前述したように，平成 14（2002）年 1 月から，2 人以上の世帯を対象に「家計調査年報　II 貯蓄・負債編」として刊行されている。これによって，同一世帯のフローとストックの関係を見ることができるようになった。

貯蓄に関する調査は他にも，金融広報中央委員会が昭和 38（1963）年から実施している「家計の金融行動に関する世論調査」がある。2 人以上の世帯と単身世帯に対して，令和 3（2021）年以降はインターネット調査によって実施，公表している。全国約 8,000 世帯を対象に，アンケート形式で金融資産・負債の状況，実物資産・住居計画，生活設計，

決済手段，金融制度等について等を調査している。この調査の目的は，家計の資産・負債や家計設計などの状況を把握し，これらの公表を通じ，金融知識を身につけることの大切さを広報することと家計行動分析のためのデータを提供することである。金融広報中央委員会とは，都道府県金融広報委員会，政府，日本銀行，地方公共団体，民間団体等が昭和27（1952）年に発足した団体で，最初の名称は「貯蓄増強中央委員会」であり，昭和63（1988）年に「貯蓄広報中央委員会」に改称され，その後，平成13（2001）年に「金融広報中央委員会」と名称変更した。令和6（2024）年には「金融経済教育推進機構」（J-FLEC）として再編されている。

　以上，わが国の家計調査の変遷を見てきたが，戦前の家計調査や研究は国家政策のためのものであったが，戦後の家計研究とて，調査主体は政府であるので，これらのデータを用いて生活保護の裁定等，国家政策のために実施されているのは同じである。家計研究は，その後，最低生活費の研究，生活水準の測定と比較に関する研究，家計行動に関する研究の3つの方向に進んだといえよう（多田，1989a）。

第 4 章　わが国の家計調査の歴史 | **65**

引用文献

多田吉三，1989a，『生活経済学』晃洋書房

多田吉三，1989b，『日本家計研究史―わが国における家計調査成立過程に関する研究―』晃洋書房

奥村忠雄・多田吉三，1981，『家計調査の方法』光生館

多田吉三編，1992a，『明治家計調査集』家計調査集成 9，青史社

多田吉三編，1991，『大正家計調査集 1』家計調査集成 10，青史社

多田吉三編，1992b，『家計調査論集』家計調査集成 18，青史社

大島清（大内兵衛・森戸辰男・久留間鮫造監修），1968，『高野岩三郎伝』岩波書店

多田吉三編，1994，『家計調査報告 1 ～ 4』家計調査集成 1 ～ 4，青史社

安藤政吉，1941，『最低賃金の基礎的研究』ダイヤモンド社

大河内一男，1981，『国民生活論』大河内一男集第 6 巻，労働旬報社

横山源之助，2000，『日本之下層社会』横山源之助全集別巻 1，社会思想社

農商務省工務課調査係，1998，『職工事情』岩波書店

安藤政吉，1998，『国民生活費の研究』大空社

篭山京，1982，『篭山京著作集 1 ～ 8』ドメス出版

総務省統計局，2023，『家計調査年報 I 家計収支編』財団法人日本統計協会

総務省統計局 https://www.stat.go.jp/data/kakei/1.html#kakei_8（参照日 2024 年 7 月 10 日）

学習課題

1．諸外国の家計調査について調べてみよう！

2．いろいろな調査の結果を見て，それぞれの調査にどのような特徴があるのかを調べてみよう！

5 │ 家計収支と家計簿記帳

《**目標＆ポイント**》 本章では，家計収支の内容について，その成り立ちを知り，収入（受取）と支出（支払）には，何が含まれるかを理解する。また，家計簿のつけ方と家計分析の方法を学習する。
《**キーワード**》 家計簿，家計収支，受取，支払，10 大費目

----

1. 家計収支の内訳

　家計は，一般に「家計簿」に記帳することで明らかにされてきた。『武士の家計簿』（磯田，2003）に見られるように，家計簿は家計が把握でき，改善に役立てることができるという点では，現代社会でも必要なものであるが，それだけでなく，時間がたてば，その家の歴史になるといっても過言ではない。そのようなつもりで家計簿をつけている人はあまりいないが，その時代を反映する貴重な歴史的資料にもなりうる。

　家計簿記は，大福帳から発展してきたものであるが，その過程で，独自の収支分類方法を築き上げてきた。さらに「第4章　わが国の家計調査の歴史」で見てきたように，わが国の「家計調査」は，国際的に見ても貴重な資料である。ここでは，総務省統計局の「家計調査」の分類方法に準じて，家計収支について説明することにしよう。

（1）収入の内訳

　まずは家計収支の考え方について簡単に述べておこう。収入に関して

は，日本では月給制が一般的であるので，家計簿はひと月で区切って記帳し計算をしているが，日給，週給，あるいは野球選手のように年俸制と，人それぞれなので，本来は自分の収入が入ってくる期間によって区切ればよい。ここでは一般的な1ヵ月単位で区切る方法を基本として説明をしておこう。

　まず収入からであるが，一概に収入といっても様々な種類がある。収入を「家計調査」では，「受取」と呼んでいる。「受取」は，「実収入」，「実収入以外の受取（繰入金を除く）」，「繰入金」の3つからなっている（図5-1）。実収入はさらに「経常収入」と「特別収入」に分かれている。「経常収入」とは，定期性あるいは再現性のある収入であり，収入がどこから入ってきたか（源泉別）によって，「勤め先収入」，「事業・内職収入」，「他の経常収入」に分けている。「勤め先収入」は，「世帯主収入」，「世帯主の配偶者の収入」，「他の世帯員収入」に分かれている。「世帯主収入」には，いわゆる給料である「定期収入」，奨励金などの「臨時収入」，ボーナスや手当の「賞与」が含まれている。「財産収入」や「社会保障給付」，「仕送り金」は，「他の経常収入」に含まれる。定期性や再現性がない収入は「特別収入」になる。これは見舞金やせん別等の「受贈金」と，宝くじ等の配当金や拾得金等の「他の特別収入」に分類されている。これらが実際に入ってくる収入なので「実収入」と呼んでいる。

　次に「実収入以外の受取（繰入金を除く）」とは，実際の収入ではないものを指す。これは，預貯金引出，財産売却，保険取金（掛け捨てでないもの），有価証券売却，土地家屋借入金，分割払い，一括払い購入借入金や財産売却，その他が含まれる。つまり，手元に現金が入るが，「資産の減少」または「負債の増加」が起こるので，ありがたくない収入という意味で，「見せかけの収入」とも呼ばれている。

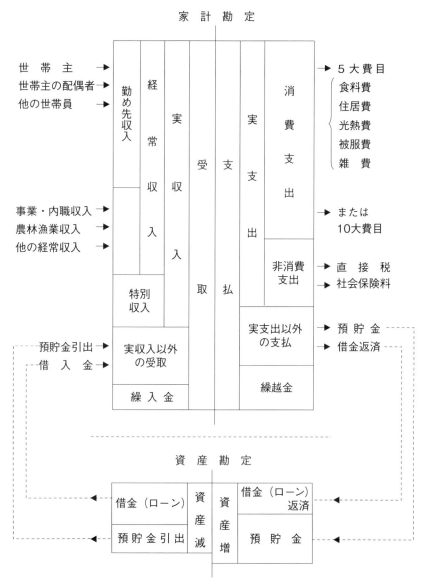

図 5-1 受取と支払の内訳
（出典）多田，1989, p.151 を参考に作成

最後に前の月から残った現金を繰り入れるという意味で「繰入金」がある。これら，「実収入」，「実収入以外の受取」，「繰入金」の3つを合わせて「受取」と呼んでいる。

ここで，「収入」と「所得」との違いについて見ておこう。家計では収入という言葉を使うが，時々「可処分所得」という言葉を聞く。これは税法上の言葉の違いで，そもそも収入とは，所得金額から必要経費や諸控除額を差し引く前の金額を指す。つまり「所得」とは，必要経費等が引かれた後の金額なのである。少し混乱するかもしれないが，実収入から税金（直接税）や社会保険料等の「非消費支出」を差し引いた後の収入を「可処分所得」（いわゆる手取り収入）と呼んでいる。これにより購買力の強さを測ることができる。

（2）支出の内訳

収入と同じように，支出も「実支出」，「実支出以外の支払（繰越金を除く）」，「繰越金」の3つからなっており（図5-1），この3つを合わせた金額を「支払」と呼んでいる。「受取」と「支払」はイコールの関係になるが，それぞれを構成している部分，例えば「実収入」と「実支出」の金額は必ずしも一致しない。

「実支出」とは，「実収入」と同様に実際に支出するお金を指す。図5-1と表5-1に示すように，「実支出」は「消費支出」と「非消費支出」からなっている。「消費支出」は，実際に私たちが生活に使う支出なので，別名「生活費」とも呼んでいる。日常生活を営むのに必要な商品やサービスを購入するのに支払う支出である。家計調査では，「消費支出」を「用途分類」と「品目分類」に分類してデータを計算している。「用途分類」とは，その商品やサービスが生活するにあたって，どのように使われたかによって分類する方法である。例えば，菓子を買ってき

ても，家で食べるために買った場合は「食費」に，また，贈答用に買った場合は，交際費なので「その他の消費支出」に分類する。つまり使用目的別に分類する方法を指す。一方，「品目分類」とは，どのように使われようとも，食べ物は「食費」に分類する方法である。「用途分類」は，主に消費者の行動分析に用いられ，「品目分類」は，個々の品目の消費動向分析に用いられる。

　さて，家計簿記帳をするときに最も関係の深いのが「消費支出」であるが，これには「5大費目分類」と「10大費目分類」という2つの分類方法がある。総務省統計局の「家計調査」では，昭和56（1981）年から「10大費目分類」を用いている。「5大費目分類」は，食料費，住居費，光熱費，被服費，雑費の5つからなっており，以前はこの分類で，私たちの生活を十分表すことができたが，時代とともに生活が複雑になり，また裕福にもなったせいか，雑費の部分がさらに家具・家事用品費，保健医療費，交通・通信費，教育費，教養娯楽費に分かれ，それ以外を「その他の消費支出」に分類している。また，「5大費目分類」を用いていたときに使われていた「光熱費」は「光熱・水道費」に，「被服費」は「被服及び履物費」へと名称も変化している。それぞれの費目は，さらにいくつもの品目に分類されている。表5-1にそれぞれの費目に含まれる詳しい内訳を示しているが，これらの品目も時代とともに変化している。

　中身がわかりにくいのが「その他の消費支出」である。「その他の消費支出」は，諸雑費，こづかい（使途不明），交際費，仕送り金からなっている。諸雑費には，理美容サービス，理美容品，身の回り用品，たばこ，その他の諸雑費が含まれている。また使途不明のこづかいも「その他の消費支出」に入る。交際費は別途計上する人が多いが，「家計調査」では「その他の消費支出」に含まれている。

第5章　家計収支と家計簿記帳　　**71**

　最後の仕送り金は，子どもへの仕送り金と親への仕送り金が含まれる。子どもへの仕送り金は教育費に入らないのか？　と疑問に思われるかもしれない。このようなこともあるので，「家計調査」では，「再掲」として，「教育関係費」，「教養娯楽費」，「情報通信関係費」，「消費支出（除く住居等）」という分類を設けて，データを再掲している。例えば「教育関係費」では，「教育費」は授業料等，教科書・学習参考教材及び補習教育に伴う支出を合計しているが，加えて，教育に直接的，間接的に必要となる諸経費として，学校給食費，学校制服，定期代，書斎・学習用机・椅子，文房具，通学用かばん，国内遊学仕送り金を合計して示している。

　一方，「非消費支出」とは，字のごとく，支出されるが実際に消費されない支出，つまり直接税や社会保険料，借金利子等，原則として自由にならない支出を指す。

　次に，「実支出以外の支払（繰越金を除く）」であるが，預貯金や借金の返済などがこれにあたる。先に見た「実収入以外の受取」と似た概念であるが，「実収入以外の受取」が「見せかけの収入」と呼ばれ，ありがたくなかった収入であるのに対して，こちらは「見せかけの支出」と呼ばれ，どちらかというとありがたい支出ともいえる。預貯金，貯蓄的要素のある保険掛金，有価証券購入，土地家屋や他の借金返済，クレジット購入借入金返済，財産購入等が含まれる。

　預貯金や土地購入などの「貯蓄」と，土地家屋の借金返済などの「借金返済」からなっている。これらは手元から現金が支出されるが，一方で「資産の増加」や「負債の減少」につながる。「繰越金」は，当月末における手持ちの現金で，翌月に繰り越す分を指す。

表 5-1　費目と品目表

項目名						項目内容例示
収入の部						
受取	実収入	経常収入	勤め先収入	世帯主収入	定期	本給，扶養手当，住宅手当，役付手当，超勤手当
					臨時収入・賞与	報奨金，奨励金，創立記念祝金，昇給差額
						賞与（ボーナス）年末（期末）手当，勤勉手当
				世帯主の配偶者の収入		配偶者が勤め先から得た収入
				他の世帯員収入		世帯主，配偶者以外の世帯員が勤め先から得た収入
			事業・内職収入	家賃収入		土地以外の不動産を賃貸しして得た収入
				他の事業収入		たばこ商，倉庫業，塾経営による収入
				内職収入		事業所を構えず請負契約に基づいて得た収入
			他の経常収入	財産収入		預貯金利子，株式配当金
				社会保障給付		社会保障，公的扶助制度からの給付金
				仕送り金		生活費の補助として継続的に送られてくる現金
		特別収入		受贈金		持参金，見舞金，祝金，餞別，謝礼金
				他の特別収入		自家産品売却代，慰謝料，宝くじ配当金，拾得金
	実収入以外の受取	預貯金引出				銀行，ゆうちょ銀行，信用金庫などからの引出金
		保険取金				貯蓄の要素のある保険取金。個人，企業年金を含む
		有価証券売却				株式，債権，信託の売却金
		土地家屋借入金				土地家屋購入のための借入金，住宅資金借入金
		他の借入金				借入金，質入金，奨学金，生活資金借入金
		クレジット購入借入金				財及びサービスの購入に伴う借入金
		財産売却				土地，家屋，山林など不動産の売却金
		実収入以外の受取のその他				敷金・賃金・立替金などの戻り金，貸家の保証金の戻り金
	繰入金					前月からの手持ち現金の繰入金
支出の部						
支払	実支出	消費支出	食料	穀類	米	米としての原形をとどめたもので，強化米入りを含む
					パン	食パン，菓子パン，ピザパン，ピロシキ
					めん類	生，乾，カップ，即席めん，スパゲティ，ギョウザの皮
					他の穀類	小麦粉，もち，大麦，オートミール，パン粉，お好み焼きの素
				魚介類		生鮮魚介，塩干魚介，魚肉練製品，他の魚介加工品（鰹節，佃煮，缶詰，燻製，さきいか）
				肉類		生鮮肉（牛，豚，鶏など），加工品（ハム，ソーセージ，ベーコン，缶詰，みそ漬け，干物）
				乳卵類		牛乳，乳製品（粉ミルク，バター，チーズ），卵
				野菜，海藻		生鮮野菜，葉茎菜，根菜，他の野菜，乾物，海藻，大豆加工品，他の野菜，海藻加工品（こんにゃく，梅干し，漬け物）
				果物		生鮮果物，果物加工品
				油脂・調味料		油脂（食用油，マーガリン），調味料（食塩，しょう油）
				菓子類		和生菓子，洋製菓子，せんべい，ビスケット，チョコレート，アイスクリーム，スナック菓子
				調理食品		主食的調理食品（弁当類，調理パン），他の調理食品（ウナギの蒲焼き，天ぷら，冷凍調理食品，惣菜材料セット）
				飲料		茶類，コーヒー，ココア，ジュース，炭酸，乳酸菌飲料，ミネラルウォーター
				酒類		清酒，洋酒，ビール，ワイン，発泡酒
				外食		一般外食（含喫茶，飲酒代），学校給食，賄い費
			住居	家賃地代		家賃，間代，地代，権利金，維持費，家屋仲介料
				設備修繕・維持		設備材料，工事その他のサービス，火災保険掛金
			光熱・水道	電気代		電気代
				ガス代		都市ガス，プロパンガス
				他の光熱		灯油，石油，まき，木炭，れん炭，ドライアイス
				上下水道料		上水道料，下水道料

項目名						項目内容例示
支出の部						
支払	実支出	消費支出	家具・家事用品	家庭用耐久財		家事用耐久財, 冷暖房器具, 一般家具
				室内装備・装飾品		掛時計, 照明器具, 室内装飾品, 敷物, 座布団
				寝具類		ベット, 布団, 敷布, 毛布, マットレス, 枕
				家事雑貨		食器類, 台所用品, 掃除用具, 洗濯用具, 裁縫用具, 工具
				家事用消耗品		ポリ袋, ラップ, トイレットペーパー, 洗剤, 防虫剤, 消臭剤, 漂白剤
				家事サービス		家事代行料, 清掃代, 家具, 家事用品修理代
			被服及び履物	和服		男女着物, 帯, 和服下着, コート
				洋服		男女洋服, 学生服, コート, ズボン, 子供洋服
				シャツ・セーター類		男子用, 婦人用, 子供用
				下着類		男子用, 婦人用, 子供用
				生地・糸類		各種生地, 毛系, 縫い系, ゴムひも, ボタン, 芯地
				他の被服		帽子, ネクタイ, 手袋, 靴下, ソックス, 半えり, ベルト
				履物類		靴, サンダル, 靴中敷, 靴紐
				被服関連サービス		仕立代, 洗濯代, 修理代, 賃借料
			保健医療	医薬品		内服液, 栄養剤, 外用薬, 口中剤, 下剤, 避妊薬
				健康保持用摂取品		まむし, スッポン, 八ツ目ウナギ, アロエ, クコなどの粉末, 青汁, 梅エキス食品, クロレラ加工食品
				保健医療用品・器具		紙おむつ, 絆創膏, ガーゼ, 眼鏡, 体温計, コルセット
				保健医療サービス		診療代, 入院料, 鍼灸院治療代, 診断書, 人間ドック代
			交通・通信	交通		運賃, 定期代, タクシー代, 航空運賃, 有料道路料, 船賃
				自動車等関係費		自動車購入, 自転車購入, 維持整備費, ガソリン, 保健料
				通信		郵便, 電話電報料, 運送料, 携帯電話料
			教育	授業科等		授業料, 入学金, 学校寄付, PTA会費, プリント代, テスト代
				教科書・学習参考教材		教科書, 学習参考書
				補習教育		家庭教師代, 予備校, 補習塾
			教養娯楽	教養娯楽用耐久財		ラジオ, テレビ, カメラ, ピアノ, 子供用乗物, 学習机, 修理代
				教養娯楽用品		文房具, 運動用品, PC, テレビ, デジカメ, DVDレコーダー, 愛玩動物用品
				書籍・他の印刷物		新聞, 週刊誌, 雑誌, 辞典, 書籍, カレンダー
				教養娯楽サービス		宿泊料, パック旅行費, 月謝類, 受信料, 入場観覧ゲーム代
			その他の消費支出	雑諸費	理美容サービス	理美容サービス
					理美容用品	理美容用品 (洗面用具, 化粧品, 理美容器具)
					身の回り用品	傘, かばん, 装身具, 喫煙具, 宝石貴金属, 腕時計, 修理代
					たばこ	紙巻きたばこ, 葉巻, パイプたばこ
					その他の諸雑費	信仰, 祭祀費, 冠婚葬祭費, 損害保険料, 寄付金, 介護サービス
				こづかい (使途不明)		こづかいのうち使途が不明なもの
				交際費		贈答用金品支出, 贈与金 (餞別, 香典, 祝儀), つきあい費, 住宅関係負担金 (共益費, 住宅組合費), 負担金 (町内自治会費, 労働組合費, 街灯費, 同窓会費)
				仕送り金		遊学仕送り金, その他の仕送り金
	非消費支出	直接税				勤労所得税, 個人住民税
		社会保険料				公的な年金保険料, 健康保険料, 介護保険料
		他の非消費支出				盗難金, 弁償金, 示談金, 慰謝料, 滞納金
	実支出以外の支払	預貯金				銀行, ゆうちょ銀行, 信用金庫などの金融機関への預入金
		保険料				貯蓄の要素のある保険掛金。個人, 企業年金を含む。
		有価証券購入				株式, 債券の購入金, 信託への払込金
		土地家屋借金返済				土地, 家屋購入のための借入金の返済金, 住宅ローン
		他の借金返済				奨学金返済, 質屋出金, カードローン
		クレジット購入借入金返済				財, サービスの購入に伴う借入金の返済
		財産購入				土地, 家屋など不動産の購入金。仲介手数料を含む。
		実支出以外の支払のその他				貸金, 立替金, ゴルフ会員権, 学校貸付金, 金の延べ棒
繰越金						翌月に繰越す手持ち現金

（出典）総務省統計局, 2023 年より作成

2. 家計簿記帳の方法

　これまで見てきたように，現在は，家計簿記帳は国家のためではなく，家族の生活設計や個人の記録のためのものとなっているので，原則として家計簿の記帳方法は自由である。しかし，他の家計と比較することによって自分の家計を確認したい場合は，総務省統計局が実施している「家計調査」などで用いられている方法を参考にすると，記帳後に比較が可能となる。

　基本的には生活費を10大費目に分類して毎日記帳していけばよい。どこに何が入るかは，表5-1を参考にするとよい。収入も支出も現金だけの移動であれば分かりやすいが，現実の生活では，現金以外の取引の方が多くなってきている。このため，家計簿記帳も複雑さを増している。以下では，記帳が難しいと考えられる場合を取り上げて記帳方法を説明しておこう。

（1）現物収支

　「現物」とは，外部からのもらい物，自家菜園の産物を指す。現物で物をもらう割合は，家計の約5％といわれている。現物の場合の処理の方法は以下の3つである。①無視する，②現金とは別に集計する，③現金に換算して家計簿に入れる。現物収支があまり多くない家庭は，家計簿に記入しなくてもよいだろう。記入する場合は，収入の欄に「時価評価」の想定額を記入し，同時に支出の欄（食料ならば食費）に同額を記入するという方法をとる。つまり，この場合，収入も支出も想定額となるので客観性は薄れる点については留意しておく必要がある。現物収支が多い家庭は，現物用の家計簿を別途作り，記帳しておくとよいだろう。農家家計は，現物の割合が15％を占めるといわれているので（多

田，1989），別途記帳するとよい。商店を営んでいる世帯が自分の店の商品を消費した場合は，現金収支として取り扱えばよいだろう。「家計調査」での処理は，まず現物収入として，収入の該当する項目に分類すればよいが，「受取」，「支払」には含めないで，別に分類している。

（2）給料等の扱い

給料は金融機関に振り込まれるのがほとんどである。最近は電子マネーやQR決済など，デジタル給与払いの会社もでてきた。また多くの人は家賃や光熱・水道費，通信費などを金融機関やクレジットカードから自動引き落としにして決算をしている。本来このような場合，家計簿記帳上は，給料を一度金融機関から下ろし，それぞれの費目に対して支払うという操作を意味する。記入方法としては，まず給料の総額（税金等を含む）を収入の項目に記入し，天引きされている税金や社会保険料は非消費支出に記入する。自動引き落としの光熱・水道費等は，「実収入以外の受取」にその金額を記入し，次に光熱・水道費等の各項目に記入する。この方法が正確ではあるが，混乱する場合は，単に光熱・水道費等の各項目の支出として記入してもよい。

（3）分割払い購入・一括払い購入

クレジットカードを用いた決済も多い。この場合，1回払いであれば，購入と支払いの間にさほどの時間差は生じないので家計簿記帳は比較的やりやすい。しかし，分割払いやリボルビング払いの場合は，決済が1ヵ月以上続くことになるので，どの買い物の支払いかがわかりにくく，家計簿記帳が複雑になる。クレジットとは，「消費者信用」を意味するが，これは借金をして購入するのと同じであるので，家計簿上は，「実収入以外の受取（繰入金を除く）」で購入したとして処理することに

なる。1回払いの場合は，「実収入以外の受取（繰入金を除く）」の「一括払購入借入金」に購入金額の全額を記入し，同時に「消費支出」の各項目に記載することになる。分割払いの購入の場合は，「実収入以外の受取（繰入金を除く）」の「分割払購入借入金」に購入金額の全額を記入し，同時に「消費支出」の各項目にも記載する。2回目以降の支払いは数日後から1ヵ月後になるが，支払いがあったときに，借入金の返済なので，「実支出以外の支払（繰越金を除く）」の「分割払購入借入金返済」に記入する。ただしこれに関しても混乱するようであれば，家庭の家計簿なので，クレジットカードを利用したときに家計簿に（　）で記載しておき，クレジットカードの支払い日に，それぞれの消費支出の項目（例えば被服費等）に金額を記入する方が現実的でわかりやすい。

　クレジットカード以外では，デビットカードの場合は，すぐに引き落とされるので，レシートを用いて記帳するようにしたい。○○ペイなどは，銀行口座等からチャージして利用するが，支出したときにその項目を記帳するとよいであろう。最近は家計簿アプリで銀行口座と紐づいており，レシートをかざすことで入力できるものもあるので，自分にあった方法で管理したい。

3. 家計簿の分析

　家計簿記帳が1ヵ月でもできれば，自分の家計の流れがわかるようになる。そうすると何らかの形で分析することができ，今後の生活設計に生かすことが可能となる。ここでは，どのようにして家計を分析することができるかを紹介しておこう。

（1）収支バランス
　まずは1ヵ月分の収入（受取），そして支出（支払）を合計して，収

支のバランスをチェックする。黒字（赤字）額を計算し，その割合（黒字率）を出しておこう。黒字とは（図5-2），「実収入」から「実支出」を引いたものである。もう少し詳しくいえば，「実収入」から税金や社会保険料（一般に給料から天引きされる）である「非消費支出」を引いた手取り収入（「可処分所得」）と，実支出との差額であることがわかる。つまり，「可処分所得」から「消費支出」を差し引いた額である。この金額がマイナスの場合は「赤字」となる。「可処分所得」に対する黒字の割合が「黒字率」である。また，「可処分所得」のうち，何割を生活費（消費支出）に支出しているか，貯蓄しているかを計算する。これをそれぞれ「平均消費性向」，「平均貯蓄性向」というが，これを計算しておくと，家計の動向がわかる。「平均消費性向」が100以上であると，赤字家計を意味する。自分の家計の消費と貯蓄の割合がどのように

単位（円）

受　取　800,000				
繰入金 100,000	実収入以外の受取 250,000	実　収　入　450,000		
		可処分所得 377,000		非消費支出 73,000
黒字 150,000				
繰越金 150,000	実支出以外の支払 350,000	消費支出 227,000	非消費支出 73,000
		実　支　出　300,000		
支　払　800,000				

図5-2　黒字の考え方
（出典）多田，1989，p.168 を参考に作成

なっているかを確かめておくとよい。

また,「預貯金」と「保険掛金」の合計から,「預貯金引出」と「保険取金」を引いたものを,「貯蓄純増」という。さらに,「貯蓄純増」に「有価証券購入」と「有価証券売却」との差を加えたものを「金融資産純増」と呼んでいる。「可処分所得」に対する「貯蓄純増」の割合が「平均貯蓄率」,「可処分所得」に対する「金融資産純増」の割合を「金融資産純増率」という。

ここで気をつけておきたいのが,貯蓄率の概念である。内閣府の国民経済計算の「家計貯蓄率」(図5-3)は,家計全体の可処分所得から,

図5-3 内閣府国民経済計算の家計貯蓄率の推移
(出典) 内閣府,家計可処分所得・家計貯蓄率四半期別速報
(参考) 主要計数の推移 https://www.esri.cao.go.jp/jp/sna/data/data_list/kakei/files/2023/pdf/kakei_23q1_point.pdf　p.4 (参照日2024年7月10日)

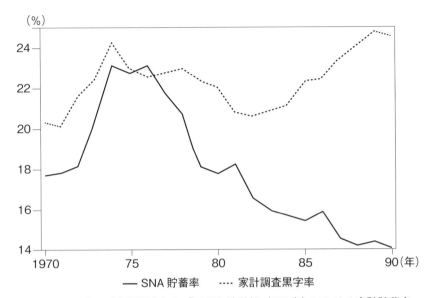

図 5-4 日本の「家計調査」と「国民経済計算 (SNA)」における家計貯蓄率の推移
(出典) 日本銀行金融研究所「金融研究」植田, 大野
https://www.imes.boj.or.jp/research/papers/japanese/kk12-2-5.pdf
(参照日 2024 年 7 月 10 日)

家計全体の最終消費支出をマイナスし,年金基金準備金の増減を調整している。「家計調査」の「黒字率」は,可処分所得から消費支出をマイナスし,それを可処分所得で割ったものであり,国民経済計算の家計貯蓄率と家計調査の黒字率は図 5-4 に示すように乖離している。

(2) エンゲル係数や構成比の算出

「エンゲル係数」とは,「第 3 章 海外の家計研究の歴史」と「第 6 章 家計をめぐる法則」で詳しく説明しているが,消費支出(生活費)のうち,食費に何％使っているかを係数で示したものである。計算の方法

は，消費支出を分母にして，食費を分子にし，100をかける。「エンゲル法則」は現在でも健在なので，収入が低い場合は，エンゲル係数は高くなり，収入が高いとエンゲル係数は低くなるので，ある程度は生活水準を表す指標として用いることができる。各費目についても同様に，支出に占める割合を求めておくと，今後はその変化を見ることで，自分の家計の特徴をつかむことができる。これらを「第8章　単身世帯と2人以上の世帯の家計」で示しているので確かめておこう。

（3）家計簿分析の注意点

　ここでは，家計簿を分析するときの注意点をあげておこう。家計簿記入を開始するときには，すでに預貯金があり，そこから引き出して支出をすることになるため，収支バランスが合わないと感じるかもしれない。しかし，分割払いの場合は，しっかりとした記帳をしない限り，常に1ヵ月内で収支が合うことはないので，まずは記帳をする習慣をつけることから始めたい。

　また，光熱・水道費の支払いは，利用している月と支払う月が異なるため，季節の変化が少しずれて生じることに留意する必要がある。また，「家計調査」との比較を行う際には，住居費の金額に気をつける必要がある。「家計調査」の住居費は，家賃地代，設備修繕・維持から構成されている。住宅ローンの返済をしている家庭の金額は，「実支出以外の支払」の「土地家屋借金返済」に記載されている。これらのことを頭に入れておき，あとは自分のライフスタイルに沿った分析をするとよい。

引用文献

磯田道史，2003，『武士の家計簿―「加賀藩御算用者」の幕末維新』新潮新書

多田吉三，1989，『生活経済学』晃洋書房

大藪千穂，2011，『お金と暮らしの生活術』昭和堂

奥田真之・大藪千穂，2023，『はじめての金融リテラシー』昭和堂

総務省統計局，2023，『家計調査年報　Ⅰ　家計収支編　令和4年』日本統計協会

宇南山卓・米田泰隆，2018，「日本の「家計調査」と「国民経済計算（SNA）」における家計貯蓄率の乖離―1994年から2015年における日本の家計貯蓄率低下要因―」，財務省財務総合政策研究所「フィナンシャル・レビュー」平成30年第2号（134号）2018年7月

内閣府，家計可処分所得・家計貯蓄率四半期別速報（参考）主要計数の推移 https://www.esri.cao.go.jp/jp/sna/data/data_list/kakei/files/2023/pdf/kakei_23q1_point.pdf　p.4（参照日2024年7月10日）

学習課題

1．今回学習した内容をもとに，家計簿をつけて，1ヵ月の家計の流れを追ってみよう！

2．黒字率，平均消費性向，平均貯蓄性向，平均貯蓄率を計算してみよう！

82

6 | 家計をめぐる法則

《目標＆ポイント》 本章では，これまで学習してきた家計を用いながら，私たちの生活にどのように利用することができるかについて，家計法則の視点から理解する。
《キーワード》 エンゲル法則，エンゲル関数，必需品・ぜいたく品，消費水準，消費者物価指数

1.「エンゲル法則」をめぐる法則

（1）「エンゲル法則」の逆転現象

「エンゲル法則」については，すでに「第3章　海外の家計研究の歴史」や「第5章　家計収支と家計簿記帳」で説明したが，エンゲル自身が述べたのは，支出に占める食費の割合が小さくなると，より豊かであり，その反対の場合は逆であるので，支出に占める食費の割合は，豊かさを計る尺度となるというものであった。家計研究が発展するに従って，各国で「エンゲル法則」が紹介され，実際に「エンゲル法則」が確認されるようになった。しかし同時に，「エンゲル法則」の妥当性もまた問われるようになった（多田，1989）。1875年には，ゴルツ（von der Goltz）が，ドイツ農民の家計を分析した。ドイツ農民の経済階級を3つに分け，支出額が最も高い階級のエンゲル係数が最も高く，次は支出額が最も低い階級，そしてエンゲル係数が最も低いのが真ん中の支出階級であることを明らかにした。

また,「第3章 海外の家計研究の歴史」でも記したように,ジンマーマン (Carle Clark Zimmerman) は,特定の時期や特定の世帯には,「エンゲル法則」があてはまらないことを実証している。彼は,最貧困層は食べるものも食べられず,食べるものを我慢しているので,他の費目の割合の方が高い場合があり,収入が増えると真っ先に食費を増やすので,収入の増加と食費の支出割合の増加は,ある収入水準までは比例し,その後「エンゲル法則」に従うことを実証したのである。

わが国においても,「エンゲル法則」が見出せない階級が存在することが指摘されていた。低収入層における「エンゲル法則」の逆転現象については,森本厚吉が「不良住宅改善後における地区内居住者生計調査報告書」(同潤会,昭和8 (1934) 年)で,すでに記していた。ジンマーマンの論文が1936年であるので,実は森本の方が早かったが,英文ではなかったために海外には知られていなかったと考えられる。図6-1に示すように,「エンゲル法則」が当てはまるのは,一定の収入範囲であることが紹介され,「エンゲル法則」が適用されない低所得者層を「エンゲル前型」,高所得者層を「エンゲル後型」と呼んだ。戦後すぐは「エンゲル前型」に45〜50％の世帯が属していた(多田,1989)。このような傾向は,戦後の家計調査では一般的だったといわれている。しかし「エンゲル係数」は,データによって必ずしも安定的とはいえないため,低所得層での「エンゲル係数」には注意が必要であるが,中間所得層からは「エンゲル係数」を家

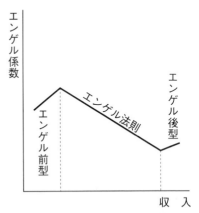

図6-1 エンゲル法則の妥当範囲
(出典) 多田,1989,p.194

計分析に用いることは可能であろう。

（2）「エンゲル法則」と「エンゲル関数」の適用

では，「エンゲル法則」を家計調査のデータにどのように活用するこ

とができるであろうか。「エンゲ
ル法則」が紹介されると，様々な
家計分析が進んだ。また「エンゲ
ル関数」と呼ばれる方法を用い
て，最低生活費の推定も行われ
た。この方法は，昭和36年（1961
年）にわが国の生活保護基準額の
算定に用いられた。どのようにし
て算定するかというと，まず家計
調査の「代表的世帯構成」と考え
られる4人世帯の最低の食事を
「国民栄養調査」の栄養所要量か
ら求め，それに見合う献立を考え
て，これらに食品を当てはめ，そ
の金額を見積もり1ヵ月あたりの
食費を求める。表6-1では，昭和
34（1959）年の「日本人の栄養所
要量」をもとにして，4人世帯の
場合，1人1日あたりの「平均所
要熱量」が1,885 kcal であるこ
とを示している。この熱量を「国
民栄養調査」の結果をもとにして

表 6-1　最低飲食物費の推定

35 歳男	2,190 kcal
33 歳女	1,850 kcal
9 歳男	2,100 kcal
4 歳女	1,400 kcal
平　均	7,540/4＝1,885 kcal

	熱量	扶助金額
	kcal	円
飲食物費	1,885	6,942.84
主食	1,367	3,159.94
米	699	1,890.02
押麦	101	180.21
食パン	320	798.49
ゆでうどん	247	291.22
副食	397	3,316.01
魚介	214	2,008.95
野菜	183	1,307.06
調味料	121	442.05
食塩	…	12.26
その他	121	429.79
嗜好品	…	24.84
基準外飲食費	…	1,086.88
学校給食費		330.50
育児諸費		95.00
基礎控除		661.38
合　　計		8,029.72

（出典）多田，1989a，p.293

具体的な食品に当てはめ，金額に換算すると1ヵ月の食費は8,029円であった。次に，「家計調査」の4人世帯のデータを取り出し，図6-2に示すように，縦軸にエンゲル係数をとり，横軸に飲食物費の金額をとって回帰直線のグラフを作成する。そして先の食費の8,029円のエンゲル係数を求めると，57.97960％であることがわかる。エ

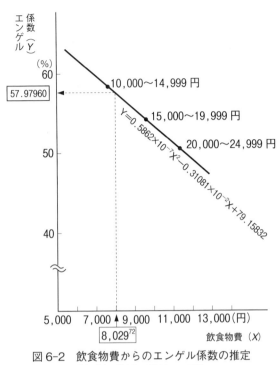

図6-2　飲食物費からのエンゲル係数の推定
（出典）多田，1989，p.293

ンゲル係数は，消費支出に占める食費の割合であるので，この式を利用して，飲食費をエンゲル係数で割ることによって，消費支出の金額を求めることができる。そうすると，消費支出は13,849円になる。このとき，最低飲食費をベースに考えているので，算出された消費支出は最低生活費を意味するので，これを生活保護基準額の裁定に利用した。しかしその後，生活が変わり，食費以外に多くの費用が必要になってくると，「エンゲル関数」を用いた方法は生活保護基準額の裁定には用いられなくなった。（その後の方法については，「第12章　社会保障と生活」を参照のこと。）

また「第3章　海外の家計研究の歴史」で紹介したように，1935年にイギリスのアレンとバウリー（R.G.D. Allen & A.L. Bowley）は，食費以外の費目についても収入額と支出額との関係を回帰直線に示し，「エンゲル法則」を他の費目に一般化できることを明らかにした。このように「エンゲル法則」は，様々な家計分析の発展に寄与したのである。現在でも，「第5章　家計収支と家計簿記帳」で示したように，それぞれの係数を算出することで，世帯類型別，収入階層別，世帯人員数別等の家計の特徴を明らかにすることができる。

2. 「必需品」と「ぜいたく品」

　私たちは，食費は必需品，宝石等への支出はぜいたく品，といった感覚を持っているが，このような必需品やぜいたく品という違いは何によって決まっているのであろうか。もちろん人によって感覚は異なるが，家計分析では，「弾力性」という概念によって決めている。具体的には「収入弾力性」，「支出弾力性」，「価格弾力性」などがある。弾力性とは，加わる力によって，加えられたものにどれほど弾力があるか，ということを意味するが，家計に適用すると，収入あるいは支出の増え方に対して，それぞれの費目の支出（増え方）がどの程度影響を受けるか，その「弾力性」を測るもので，「弾力性係数」η（イータ）で示す。

　例えば「支出弾力性」とは，消費支出の伸びが1％であるとき，食費の伸びはη％であることを示している。例を示すと，支出が20万円から25万円に増えた場合，支出の増加率は0.25である。これは，$(25-20) \div 20$で求める。これに対して，食費が5万円から6万円に増えた場合，食費の増加率は同様に，$(6\text{-}5) \div 5 = 0.2$となる。そして，支出の増加に対して，食費の増加を示す，「食費の支出弾力性係数」は，$0.2 \div 0.25$なので0.8である。値が1.0よりも小さいので，食費は消費支出

の増え方に対して，増やし方が少ないことがわかる。一方，仕送り金の支出弾力性係数が例えば1.6であったとすれば，仕送り金は，消費支出の増え方よりも，増やし方が多い費目であることがわかる。これは，言い換えれば，消費支出全体が減っても食費はそれほど減らせないが，仕送り金は大きく減らされる可能性のある費目，または消費支出全体が増えても食費はそれほど増えないが，仕送り金は増やしたい費目ともいえる。このように，弾力性係数が1以下の費目を「必需品」，1以上の費目を「ぜいたく品」という。一方，マイナスの費目を「下級品」という。下級品とは，消費支出が減っても支出を増やさなければならない費目をさす。以前はたばこなどがあてはまった。弾力性係数を用いた家計分析もエンゲル関数によって発展した分野である。

「家計調査」では，年間収入階級別の結果から，消費支出（X）に対する各用途分類項目の支出金額（Y）の回帰式（Y＝aX＋b，消費支出が1円増えれば，食費はa円（限界性向）増える）を利用して，弾力性 η，限界性向a，切片bを計算して，それぞれの値を計算し，生活品が「必需的」であるか，「ぜいたく品」であるかを決めている。このとき，X，Yには平均値を用いている。表6-2は，子育て費用に関する支出弾力性係数を示している。

表6-2　子育て費用の支出弾力性係数

全体／中分類	支出弾力性
F. 学校教育費	1.7637
G. 学校外教育費	1.7476
I. 子どもの携帯電話料金	1.6897
J. おこづかい	1.3239
M. レジャー・旅行費	1.0928
L. 子どものための預貯金・保険	1.0385
A. 衣類・服飾雑貨費	1.0020
H. 学校外活動費	0.9490
B. 食　費	0.7749
C. 生活用品費	0.7125
D. 医療費	0.6585
K. お祝い行事関係費	0.6007
E. 保育費	0.5315

（出典）内閣府　2022

3. 消費水準の測定－消費者物価指数

　昔と今とどれほど生活の水準が変化したのかを分析する方法として，「消費者物価指数」（経済の体温計）を用いた消費水準の測定方法がある。消費水準を比較する場合，消費支出金額を比較すればよいが，時間の経過とともに物価も変化しているため，物価の変動を時系列的に測定するものとして「消費者物価指数」を用いる。つまり，「消費者物価指数」で消費支出金額を割る（デフレート，実質化）ことによって，消費支出金額は比較可能となる。図6-3はこれまでの消費者物価指数の推移

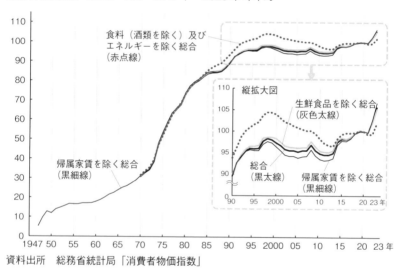

図6-3　消費者物価指数の推移
　　　（出典）　労働政策研究・研修機構
　　　https://www.jil.go.jp/kokunai/statistics/timeseries/html/g0601.html
　　　（参照日 2024年7月10日）

を示している。

　では，「消費者物価指数」とは，どのようにして作られるのであろうか。まず「価格」とは生活用品の1つの値段をさすが，「物価」は，複数の生活用品の価格なのでこれらを測定しなければならない。生活用品といっても，私たちの身の回りには極めて多くのモノやサービスが存在する。それらの代表的な生活用品は，時代とともに生活が変わるので5年に一度見直されている。2020年基準では582品目が選択されている。生活用品はたくさんあるのに，600弱の品目で物価が代表できるのかと思うかもしれないが，上位300品目で全体の支出額の9割を占めているので，これだけの品目で十分といえる。品目の支出額が家計の消費支出総額の1万分の1以上であるかが目安となっている。

　それらの価格調査として，「小売物価統計調査」（総務庁統計局）を行っている。調査日は毎月12日を含む水木金のうち1日に調査している（魚介，野菜，果物の生鮮食品及び切り花のうち日ごとの価格変化が大きい品目は毎月5日，12日，22日を含む隔週の水木金のうち1日）。家計消費支出の中で重要度が高く，価格変動を代表する品目が指定される。調査員等が約28,000の調査店舗等を訪問している。最近ではインターネット販売価格も採用拡大されている。特売などは調査しない。

　しかし品目の平均値を出すだけでは，毎日使うモノもあれば，数年に一度しか使わないモノもある。また，大量に使うモノもあれば，毎日でも少量しか使わないモノもある。このため，計算方法として，1年間の消費支出金額から，世帯で購入した個々の品目ごとに，いくら支出したかを調べ，次に消費支出金額全体に対して，どのくらいの割合を占めているかを計算している。これが個々の品目のウェイト（重み）である。このような「重み」をつけて平均値を算出する方法を「加重平均」という。

例えば米，牛肉，カレールウの3品目で物価指数を測るとする（総務省統計局）。今月の価格が基準時に比べて，米は20%値下がりし，基準時を100とした場合，これに対して80に，牛肉は20%値上がりして120に，カレールウは15%値上がりして115になったとする。3品目の物価の平均は単純平均なら（80＋120＋115）÷3＝105なので，基準時に対して5%値上がりしたことになる。しかし，家庭では，3品目の支出割合は異なる。例えば全体を10としたとき，米は6，牛肉は3，カレールウは1の割合で消費しているとすると，この支出金額の割合（ウェイト）を加味した「加重平均」で計算すると，（80×6）＋（120×3）＋（115×1）÷（6＋3＋1）＝95.5となる。つまり，基準時に比べて物価が4.5%下落したことになる。このように支出割合を加味して計算した平均値を「加重平均」という。

加重平均を用いて物価の変動を計算する方法の1つに「ラスパイレス型」（基準時加重相対法算式）という方法がある。これは，ラスパイレス（E.L. Étienne Laspeyres）が1864年に考案した方法である。「ラスパイレス型」は，基準としたときに購入したものと同じものを，比較するときに購入し，どれほど支出金額が変化しているかを指数によって示すものである。表6-3に「ラスパイレス型」を用いた例を示したので，確認しておこう。これは，同じく，カレーを作るとして，米，牛肉，カレールウと台所用洗剤を購入したとする。基準時の購入量（q_0）と同じだけ比較時にも購入する。まず，基準時の金額（p_0q_0）は，基準時の購入量（q_0）×基準時の価格（p_0）なので，合計15,600円であった。比較時に同じものを同じ量だけ購入した場合の合計金額（p_1q_0）は，15,370円であった。このため，指数は15370÷15600×100＝98.5となり，比較時の方が物価が1.5ポイント下がったこととなる。

第6章 家計をめぐる法則 | **91**

表6-3 消費者物価指数の計算例

品目	基準時購入量 q_0	単位	基準時価格 p_0	比較時価格 p_t	基準時支出額 $p_0 q_0$ $(= W_{0,1})$	比較時支出額 $p_t q_0$	価格比 p_t/p_0
			円	円	円	円	
米	20 kg	(1 kg 当たり)	500	400	10,000	8,000	0.80
牛肉	2,000 g	(100 g 当たり)	400	400	8,000	8,000	1.00
カレールウ	2 箱	(1 箱当たり)	250	300	500	600	1.20
計	–	–	–	–	18,500	16,600	–

（出典）総務省統計局『消費者物価指数の仕組みと見方』

ラスパイレス式

$$\frac{(p_{t,1}q_{0,1}) + (p_{t,2}q_{0,2}) + \cdots + (p_{t,n}q_{0,n})}{(p_{0,1}q_{0,1}) + (p_{0,2}q_{0,2}) + \cdots + (p_{0,n}q_{0,n})} \times 100$$

$$= \frac{\Sigma\,(p_{t,i}q_{0,i})}{\Sigma\,(p_{0,i}q_{0,i})} \times 100$$

「ラスパイレス型」（基準時加重相対法算式）

$$\frac{\Sigma\left(\dfrac{p_{t,i}}{p_{0,i}} W_{0,i}\right)}{\Sigma\,W_{0,i}} \times 100$$

ラスパイレス式とラスパイレス型は同じ

$$\frac{\Sigma\,(p_{t,i}q_{0,t})}{\Sigma\,(p_{0,i}q_{0,i})} = \frac{\Sigma\left(\dfrac{p_{t,i}}{p_{0,i}}p_{0,i}q_{0,i}\right)}{\Sigma\,(p_{0,i}q_{0,i})} = \frac{\Sigma\left(\dfrac{p_{t,i}}{p_{0,t}}W_{0,i}\right)}{\Sigma\,W_{0,i}}$$

「ラスパイレス型」とは違い，比較時点の購入割合を「ウェイト」にした「加重算術平均」の方法を，これも考案者の名前から「パーシェ算

式」と呼んでいる。一般に生活用品の価格が上がりつつあるときは，「ラスパイレス型」の方が「パーシェ算式」よりも値が大きくなるので，政治的判断として物価の上がり方が大きいことを強調したい（物価が上がっているから賃金水準がさほど上がっていないことを強調したい）ときは「ラスパイレス型」が使われがちである（多田，1989）。このような問題を解決するために「基準時点」と「比較時点」の購入割合の算術平均をとったのが「エッヂワース算式」，幾何平均をとったのが「フィッシャー算式」と，その後多くの算式が考案された。また，「ラスパイレス型」の有効性を検証するために，「パーシェ算式」で計算した指数との比較を行っている。これを「パーシェ・チェック」と呼んでいる。わが国では，消費者物価指数は昭和21（1946）年8月から開始され，当初は「フィッシャー算式」が用いられていた。その後，昭和23（1948）年からは「ラスパイレス型」を用いるようになった。現在，「ラスパイレス型」は，わが国をはじめ，アメリカ，イギリス，ドイツ，フランス，イタリア，カナダ，韓国で用いられている。消費者物価指数については国際労働機関（ILO）が国際基準を作成しているが，唯一最善の方法は確立されていない。

　消費者物価指数の基準時は5年ごとに変えているが，それ以前の指数の変化を見るために，「接続指数」も発表されている。「接続指数」とは，各基準時年を100.0とする指数を次の基準時にあたる年の年平均指数で除することで求められる。全国及び東京都区部では総合，10大費目，中分類，小分類及び品目別の指数を作成している。また都市階級（4系列），地方（10系列），都道府県庁所在市（東京都区部を除く。）及び政令指定都市（川崎市，相模原市，浜松市，堺市及び北九州市）（51系列）の65系列については，総合，10大費目及び中分類の指数を作成している。物価指数は，前月分を毎月19日を含む週の金曜日の午前8

時 30 分に公表している。東京都区部に関しては当月分の速報値を毎月 26 日を含む週の金曜の午前 8 時 30 分に公表している。

　総務省の消費者物価指数は公表まで約 1 ヵ月がかかることから，最近は「日経ナウキャスト日次物価指数」（ある日の価格とその商品の同じ日の価格の価格変化率。約 1200 のスーパー等の POS データ。食料品や日用雑貨）や，「JCB 消費 NOW」（クレジットカードの決済データをもとにした消費指数を約 2 週間後に公表），「一橋消費者物価指数」（スーパー，コンビニ，ドラッグストアの約 4,000 店舗の POS データ約 100 万点）などが公表されており，ピンポイントで物価の動きがわかるよう

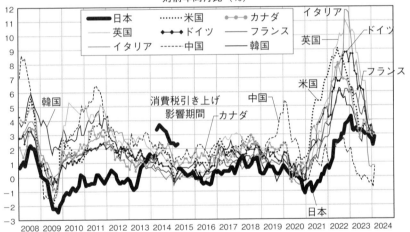

図 6-4　諸外国の消費者物価指数の推移
　　　　（出典）社会実情データ図録
　　　　https://honkawa2.sakura.ne.jp/4722.html（参照日 2024 年 7 月 10 日）

になってきた。参考までに図6-4に諸外国の消費者物価指数の推移を挙げておく。

参考文献

奥田真之・大藪千穂，2023，『新版　はじめての金融リテラシー』昭和堂

大藪千穂，2011，『お金と暮らしの生活術』昭和堂

多田吉三，1989，『生活経済学』晃洋書房

総務省統計局，2021，『2020年基準　消費者物価指数の解説』日本統計協会
　https://www.stat.go.jp/data/cpi/2020/kaisetsu/pdf/0.pdf（参照日2024年7月10日）

総務省統計局，2023，『令和4年　消費者物価指数年報』日本統計協会

総務省統計局，2023，『令和4年　家計調査年報』日本統計協会

総務省統計局，『小売物価統計調査』日本統計協会

総務省統計局，2021，『消費者物価指数のしくみと見方—2020年基準消費者物価指数—』，
　https://www.stat.go.jp/data/cpi/2020/mikata/pdf/0.pdf（参照日2024年7月10日）
　http://www.stat.go.jp/data/cpi/index.html（参照日2024年7月10日）

Carle Clark Zimmerman, Consumption and Standards of Living,1936,103-116, New York, D. Van Nostrand Company

社会実情データ図録，https://honkawa2.sakura.ne.jp/4722.html（参照日2024年7月10日）

学習課題

1．自分の家計の中のぜいたく品と必需品を計算してみよう！
2．消費者物価指数を用いて，預貯金が物価の変動によってどのように変化するかを計算してみよう！

7 | ライフサイクルと貯蓄・負債

《**目標＆ポイント**》 生活をしていると，様々なできごとを経験するが，その都度お金が必要になってくる。本章では，人生を通して必要となる費用を，ライフサイクル別，そしてその時々のライフステージごとに把握し，生涯収支を把握する。また，人生を通して，まったく貯蓄がない，あるいは負債がない時期もあるが，一般的には住宅や車などの大きな買い物をするときに貯蓄は必要となり，家のような買い物をするには35年のローンなど長期間の負債が生じる場合が多い。本章では，人生に必要な貯蓄，そしてそれについて回る負債の額や特徴についても理解する。

《**キーワード**》 ライフサイクル（生活周期），ライフステージ（家族周期段階），生涯収支，人生設計，貯蓄，負債

1. ライフサイクルの変化

　大正時代の平均的ライフサイクルを見てみよう（図7-1）。女性は21.2歳，男性は25歳で結婚していた。女性は23.6歳には長子を出産し，35.9歳時に第5子を出産し，出産期間は14.7年，子どもの扶養期間は27.3年にも及ぶ。夫の定年後の期間は6.1年，老親を扶養する期間は5.3年，夫が死亡してから妻が1人で過ごす寡婦期間は4.2年である。一方，令和2（2020）年のライフサイクルを見ると，女性の結婚年齢は29.4歳で大正期より8年ほど伸びた。男性の結婚年齢も31歳と男女とも晩婚化が進んでいる。女性は30.7歳で第1子を出産し，子どもは2人だけなので32.7歳のときには出産は終了しているが，晩婚なた

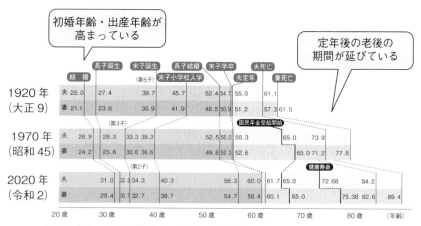

*1920（大正9）年は厚生労働省「厚生労働白書」（平成24年度版），1970（昭和45）年，2020（令和2）年は地域社会ライフプラン協会「地方公務員のための30歳・40歳代のライフプラン」（令和4年度版），厚生労働省「第16回健康日本21（第二次）推進委員会資料（2021年12月20日）」をもとに生命保険文化センターが作成

図7-1 大正時代のライフサイクルとの比較
（出典）公益財団法人生命保険文化センター『君とみらいとライフプラン』2024年度版「ライフステージの変化」
https://www.jili.or.jp/school/yokoku/9077.html（参照日2024年7月10日）

め大正時代よりも3年早いだけである。末子が学校卒業するときに令和の夫は56歳であるが，大正期は55歳とあまり変わらない。寿命は夫で23年，妻で28年ほど伸びているので，夫の定年後の期間は24.2年と大正期に比べると18年以上伸びている。寡婦期間も2年伸びた。健康寿命は男性が約73歳，女性が75歳であることから，もし介護状態になったら，女性で14年，男性で11年と介護の期間も長くなっている。

晩婚化をデータから見ると（図7-2），令和4（2022）年の平均初婚年齢は男性が31歳，女性は29.4歳であるが徐々に晩婚化が進んでいることがわかる。さらに未婚率も上昇している。令和2（2020）年の50歳時の未婚率は男性が28.25％と4人に1人，女性も17.81％と6人に1人

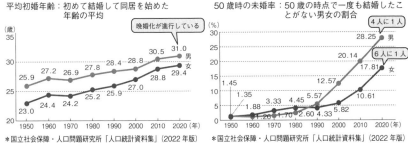

図 7-2　平均初婚年齢と未婚率
（出典）公益財団法人生命保険文化センター『君とみらいとライフプラン』2024 年度版
https://www.jili.or.jp/school/yokoku/9077.html（参照日2024年7月10日）

は 50 歳の時点で 1 度も結婚したことがない。この割合が男女とも伸びている。このライフサイクルが一般的とはいえないが，平均的という意味でも，かなりの変化が生じているのが分かる。

　これまでのライフサイクルは，結婚年齢が早く，出産期間，子どもの扶養期間が長く，夫の定年後の期間と老親の扶養期間，夫が死亡してからの寡婦期間が短いという特徴があった。一方，近年は結婚年齢が遅く，子どもの数が少ないので出産期間が短い。しかし夫の定年後の期間や老親の扶養期間，あるいは夫婦の介護期間，夫が死亡してから妻が 1 人でいる寡婦期間が長くなった。特に退職後，寿命まで約 25 年もある。このようなライフサイクルの変化に伴って，人生プランも従来と同じではなく，それに沿ったものに変えていく必要がある。時間，エネルギー，そしてお金の使い方と，ライフサイクルとの関係を考えることが重要であることがわかる。

2．ライフステージごとにかかる費用

　ライフサイクルが変化してきたことにより，ライフステージにかかる

費用にも変化が生じてきた。ライフステージの分類には（森岡,
1987），5年，10年というように時間で区切る方法，結婚などのイベン
トで区切る方法，さらに家族の発達段階，例えば長子の出産などで区切
るなど，様々な方法があるが，一般に幼児期，学校教育期間，勤労期，
結婚，出産，熟年期，引退期，老後，死亡等がある。人によって経験し
ない期間もあるが，年を取らない人はいない。それぞれのライフステー
ジやライフイベントにどれほどの費用がかかるのか，その詳細について
は他のいくつかの章で述べるが，本節では，人生にどれほどのお金が必
要になるか，その概観を見ておこう。

　結婚はしない人もいるので，生まれたところから人生を振り返ってみ
よう。支給される費用は年度や時代によって変化するので，確認してお
きたい。まず出産のための検診，そして出産，新生児の準備費用と，生
まれるまでにおよそ50万円が必要となるが，出産育児一時金として1
人につき50万円（2023年4月〜）が支給される。0歳児から保育園に
預けることが可能なので，保育費用が必要である。保育費用は所得に
よって変わるが，0歳〜2歳までは年間約53.4万円が必要になる（月
額約45,000円）。3歳〜5歳の利用料は幼児教育・保育の無償化でかか
らない。公立・私立の幼稚園に通園する場合，公立幼稚園は数が少ない
ので，私立幼稚園に通園する人が多いが，こちらも子ども・子育て支援
新制度の対象の場合は，利用料は無償である。対象とならない場合は，
月額2.57万円までは無償となる。平均で公立幼稚園は年13.3万円〜
19.9万円，私立幼稚園は27.6万円〜33.9万円がかかる。幼児期の費
用は，以前は高校と同じぐらいかかっていたので，無償化になったこと
でかなり楽になった。

　その後は義務教育として小学校と中学校に通学するが，教科書代と授
業料は必要ないので，学校教育費はさほどかからないが，人によっては

学校外活動費がかかってくる。学校外活動費とは，学習塾や家庭教師，稽古事等の費用を指す。必ずしも全員が支出するわけではないが，近年はこの割合が増えている。小学校6年間，学校教育費のみなら公立の場合39.7万円弱，中学校3年間で39.8万円なので，義務教育期間で80万円の学校教育費が最低必要となる。ただし学校外活動費を含めると小学校で211.2万円，中学校で161.7万円がかかる。最近は小学校から私立に入学する児童もいるが，その場合，小学校での総教育費は1,000万円，中学校で430.4万円と，公立に比べると小学校で約5倍，中学校で2.6倍にもなる。

　高校は義務教育ではないので，学校教育費だけで公立の場合3年間で約100万円，私立は224.2万円必要である。また学校教育機関の中で最も費用が高い大学まで進むと，4年間の国立大学で約242.5万円，私立大学なら学部にもよるが400万円〜551万円はかかる。私立の医学部は6年間で約2,400万円と住宅が購入できる金額となる。専門学校も2年で約200万〜300万円の費用がかかる。つまり，高等教育だけで約350万円が最低必要となる。もちろんこれは教育機関に支払う金額なので，生活費は含まれていない。このため，子どもを扶養するための費用として学校教育費を含めて1人1,000万〜2,000万円の予算をたてておかなければならない。

　学校を卒業後，それぞれの道を歩むことになるが，次に大きな費用が必要となるのは，結婚時であろう。もちろん結婚はしない人もいる。また，婚姻届けを提出するだけの人もあれば，豪華な結婚式をあげる人もいるので結婚費用は人によって異なるが，平均約500万円といわれている。その後，出産，教育費は先に見たとおりであるが，病気やケガなどによって医療費がかかってくることもある。

　また，住宅に関しては，親との同居や遺産を相続しない限り，賃貸の

住居費が必要である。さらに住宅を購入する人も多く，人生で最大の買い物が待ち受ける。ただし，住宅は購入時のみにお金がかかるのではなく，その後も多くの人は退職まで続くローンに加えて，住んでいる限り修繕費用がかかることを忘れてはならない。持ち家と賃貸，それぞれメリットとデメリットがあるが，高齢になってから賃貸をするのはまだ難しいといわれている。また地域によって住宅費はかなり異なるが，購入する場合，全国平均は約4,200万円である。退職後は，年金支給が現在は65歳になっているので，60歳で退職する場合，それまでに夫婦の生活費としておよそ1,440万円が必要となる。また，年金だけで足りない場合，差額の生活費を貯蓄しておく必要がある。老後，もし老人ホームに入居，介護を受ける場合もかなりの金額が必要となる。最後に葬式代も準備しておきたい。

このようにして人生をシミュレーションすると，突発的な災害や事故などがない限り，ある程度の費用計算は可能なので，ライフプランをたてておく必要がある。

3.　生涯収支

図7-3は，モデル世帯の平均的ライフサイクルを経た場合の生涯の収入と支出のシミュレーションである。ライフステージで見ると，55歳あたりから収入は減収傾向を示し，65歳の退職で家計収支は赤字となっている。では，生涯収支はどうであろうか。試算は，収入は可処分所得，支出は消費支出から計算している。この結果，「生涯収入」は約3億1,000万円である。一方，「生涯の消費支出」は，約2億1,000万円なので，1億円の黒字になると思いがちであるが，これには住宅費や教育費などが借金の場合は含まれていない。老後にかかる費用は5,587万円である。退職後は収入が不足することから，現役時代から老後の費用

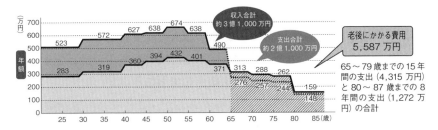

注 ①収入は可処分所得，支出は消費支出のデータから試算。 ②20〜64歳は全国勤労者世帯の世帯主年齢階級別1世帯あたりの家計収支。
③65〜79歳は高齢夫婦無職世帯の家計収支。 ④80歳以上は高齢単身世帯の家計収支。
⑤65歳以降は同い年の夫婦が，平均寿命である夫80歳，妻87歳まで生存として試算。
＊総務省「家計調査年報（家計収支編）」(2021年)

図 7-3　生涯収入と生涯支出のシミュレーション
　　　　（出典）公益財団法人生命保険文化センター『君とみらいとライフプラン』2024年度版
　　　　https://www.jili.or.jp/school/yokoku/9077.html（参照日2024年7月10日）

は準備しておかなければならない。

　これまで見てきたように，一生の中で，収入があっても支出が少ない時期，支出が多い時期，収入が少なくなる時期がいつ頃であるかを，ある程度は予測することができる。人生は順風満帆ではないが，このような時期がいつ頃あるかを知っておくと，今あるお金をどうすればよいのかが見えてくるだろう。その中でも災害や事故・病気，老後の生活が最も予測不可能なので，念入りに情報収集して，いくつかの人生パターンを考えておきたい。

4．貯蓄

　平均的ではあるが，生涯の収入と支出のシミュレーションを見ると，人生の中では余裕がある時期と，余裕がなく赤字になる時期とがあることがわかる。このように，通常の収入だけでは足りないことが人生には

多々ある。特にライフイベントとして，進学，結婚，住宅購入，出産，病気や事故等々があげられるが，通常の収入だけでは足りなくなるときに，なるべく借金をしないためにも，ある程度の貯蓄が必要となってくる。ここでは，平均的な貯蓄傾向を紹介しておこう。

　家計の貯蓄に関するデータには様々あるが，ここでは「家計調査」（総務省統計局「貯蓄・負債編」）と「家計の金融行動に関する世論調査」（金融広報中央委員会）を主に用いて見ていくことにする。「家計調査」は勤労者世帯，無職世帯，勤労者・無職以外の世帯を対象としている。勤労者世帯は，世帯主が会社，官公庁，学校，工場，商店に勤める世帯をいう。世帯主が社長，取締役，理事など会社団体の役員は勤労者・無職以外の世帯となる。ここでは，勤労者世帯の現状を見てみることにする。

（1）貯蓄の国際比較

　国際社会の中での，貯蓄率を比較してみると（図7-4），フランス，ドイツは貯蓄率が高いが，貯蓄率が高いということは，慎重な国民性ということもいえるが，国家の社会保障システムに不安があるため，自助努力をせざるを得ないとも考えられる。また，大きな金融危機があり景気が悪くなると，将来に対する不安から消費を控えて，貯蓄率が高くなる傾向がある。日本の貯蓄率は，もともとは高かったが，近年減少傾向にある。特に2001年に大きく減少し，2014年に再度低くなり，その後上昇傾向を示したが，新型コロナ感染症の影響を受け，日本だけでなく，世界的に2020年〜2021年は大幅に増減した。貯蓄率が低いということは，一般的に社会保障システムがしっかりしていると考えられるが，わが国の場合は，高齢化によって退職者が貯蓄を取り崩すため，または景気が悪化し収入が減少したことで，貯蓄をする余裕がなくなった

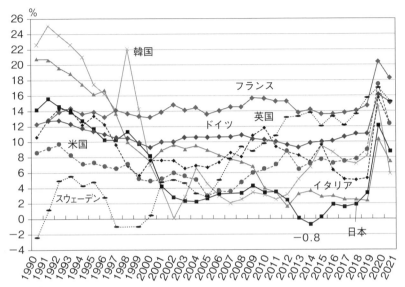

(注) 家計貯蓄率＝家計貯蓄÷家計可処分所得（ただし家計貯蓄＝家計可処分所得－家計消費支出）。フランスと英国は家計所得から固定資本減耗を控除する前の総（gross）貯蓄率。国によって最新年の値は OECD 推計値の場合もある
(資料) OECD Economic Outlook No 112－November 2022（OECD Stat 2022.12.11）

図 7-4　家計貯蓄率の国際比較
　　　　（出典）https://honkawa2.sakura.ne.jp/4520.html（参照日 2024 年 7 月 10 日）

ためと見る方が現実的であろう。

（2）貯蓄額とその目的

　他人の貯蓄額は気になるが，貯蓄の定義（「家計調査」）は，すでに「第5章　家計収支と家計簿記帳」で見てきたように，

$$預貯金（預入－引出）＋保険（掛金－取金）$$

である。これを「貯蓄純増額」と呼んでいる。「貯蓄純増額」を可処分所得で割ったのが「貯蓄率」となる。「家計調査」では，これに有価証

券を加えて「金融資産」と呼んでいる。

2人以上の世帯のうち勤労者世帯の貯蓄額の分布を見ると（図7-5），平均値が1,508万円，中央値が928万円である。平均値は，4,000万円以上の貯蓄額を持つ一部の富裕層（8％）に引っ張られて高めになるので，中央値の方が実感に近い値といえよう。ただし，100万円未満が最も多い層（10.5％）となっており，貯蓄は低い方に偏っている。ジブラ分布を示している。各自新しいデータで確かめたい。

勤労者世帯の年間収入五分位階級別の貯蓄額を見ると（図7-6），最

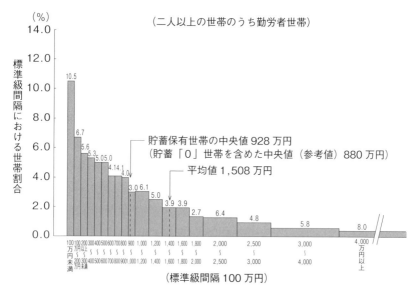

注）標準級間隔100万円（貯蓄現在高1,000万円未満）の各階級の度数は縦軸目盛りと一致するが，貯蓄現在高1,000万円以上の各階級の度数は階級の間隔が標準級間隔よりも広いため，縦軸目盛りとは一致しない．

図7-5　2人以上の世帯のうち勤労者世帯の貯蓄の分布
　　　（出典）総務省統計局，2023年

第 7 章 ライフサイクルと貯蓄・負債　　105

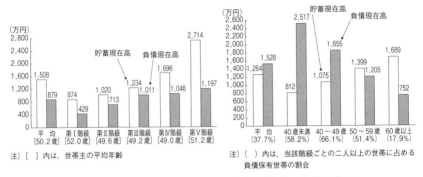

図 7-6　年間収入五分位階級別・年齢別貯蓄・負債現在高
（出典）　総務省統計局，2023

も収入の高い第Ⅴ階級の貯蓄が約 2,714 万円と最も多く，最も収入の低い第Ⅰ階級の約 3.1 倍である。世帯主の年齢階級別の貯蓄額では，40歳未満は 812 万円であるが，60 歳以上になると約 1,689 万円となる。60 歳以上の貯蓄額が多いのは，退職金があることに加え，定年後の生活のための蓄えなので，当然の結果といえよう。反対にこの世代の貯蓄が少ないと不安である。

「家計の金融行動に関する世論調査」（金融広報中央委員会，2023）は，2 人以上の世帯と単身世帯を対象に，6 月から 7 月の間に 2 人以上の世帯は約 5,000 世帯，単身世帯は約 2,500 世帯を対象に調査を行っている。ここでは 2 人以上の世帯の結果を参照すると，金融商品を保有していない世帯は 3.1％で近年微増している。金融資産を保有している世帯は預貯金が最も多いが，有価証券の割合も近年増加している。これは，金融商品を選択する際に重視することとして，収益性が最も多く，次いで安全性であることと関係していると考えられる。

では人々は何のために貯蓄をしているのであろうか。貯蓄の目的は，

ライフステージによって必要となる目的が変わることから年代によって変化する。金融資産の保有目的（3つまでの複数回答）を見ると（図7-7）、2人以上の世帯では「老後の生活資金」(67.4%)、「病気や不時の災害への備え」(48.0%)、「子どもの教育資金」(22.0%)、「旅行、レジャーの資金」(19.5%) となった。単身世帯も「老後の生活資金」(62.5%)、「病気や不時の災害への備え」(47.6%) が最も多いが、次は「特に目的はないが金融資産を保有していれば安心」(25.1%)、「旅行・レジャーの資金」(20.5%) となった。年代別に見ると（図7-8）、「老後の生活資金」がどの年代も高いが、「病気や不時の災害への備え」は年齢が高くなるほど高くなる。また「子どもの教育資金」は40代を境に減少していることがわかる。これまでは、「病気や不時の災害への備え」が約7割弱と最も高かったが、最近になって「老後の生活資金」の割合が徐々に高くなり、「病気や不時の災害への備え」を抜いた。これ

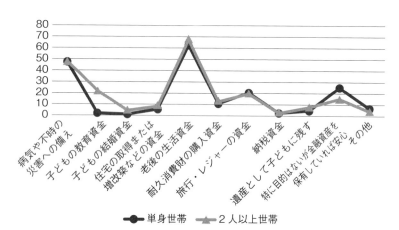

図7-7　世帯属性別　金融資産の保有目的
　　　（出典）金融広報中央委員会「家計の金融行動に関する世論調査2023」より作成

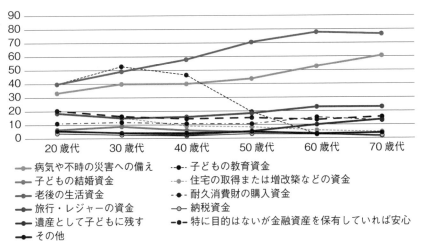

図 7-8　世帯主の年代別金融資産の保有目的
　　　（出典）金融広報中央委員会「家計の金融行動に関する世論調査 2023」より作成

は，老後の生活を「非常に心配である・多少心配である」と答えた世帯が約 8 割を占め，その理由で最も高いのが「十分な金融資産がないから」，「年金や保険が十分でないから」と答えていることからも明らかである。

（3）貯蓄の運用

　では，人々は保有している貯蓄をどのように運用しているのであろうか。2 人以上の世帯のうち勤労者世帯の平均値で見ると（図7-9），通貨性預貯金（36.9％）が最も多く，次に「定期性預貯金」（25.5％），「生命保険など」（21.3％）が続き，この 3 つで 85％以上を占めていることがわかる。「通貨性預貯金」とは，郵便貯金銀行や普通銀行等の預貯金を指す。「定期性預貯金」とは，定期貯金および積み立て貯金，銀行等

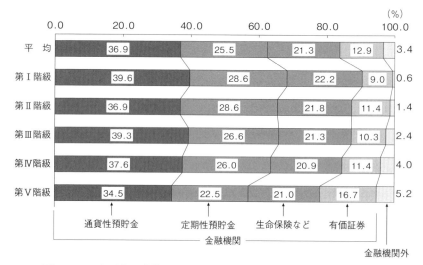

図 7-9　2人以上の世帯のうち勤労者世帯年間収入階級別貯蓄の運用
（出典）総務省統計局，2023

の各種定期預金，定期積立を指す。「生命保険など」とは，積立型の生命保険や損害保険会社の損害保険，農協の養老生命保険，郵便局の簡易保険を指している。「貯蓄から投資へ」の言葉が令和になってからよく聞かれるようになったが，一般の家計では，まだ主流は預貯金と保険であることがわかる。しかし収入階級が上がるに従って，「通貨制預貯金」，「定期性預貯金」「生命保険など」の割合は少なくなり，「有価証券」の割合が高くなっていることがわかる。「有価証券」とは，株式・株式投資信託，国債，地方債，公社・公団債，事業債，公社債投資信託などをさす。

　運用について詳細を知るために，「家計の金融行動に関する世論調査」（2023）から見ると，今後の金融商品の保有希望では，半数は「元本割れを起こす可能性があるが，収益性の高いと見込まれる金融商品の

保有」は全く考えていないと回答しているが，34.0％は「そうした商品についても一部は保有しようと思っている」，14.2％は「そうした商品についても，積極的に保有しようと思っている」と答えている。

　貯蓄は，「安全性」，「流動性」（換金性），「収益性」（利回りがよい）に分けて考えることができる。「安全性」とは，その名の通り，元本が保証されていたり，金融機関が安心であること，「流動性」とは，出し入れが自由であること，「収益性」とは，儲けが多いことを意味する。金融広報中央委員会の資料の貯蓄保有世帯では（図7-10），これまでは「安全性」を重視すると答えた人が5割と最も多かったが，近年は「収益性」が単身世帯（38.7％）も2人以上の世帯（35.1％）もともに最も高くなっている。次いで「安全性」（単身世帯26.5％，2人以上の世帯30.0％）となっており，これまでとは逆転している。「流動性」はどの世帯も約2割である。年代別に見ると，特に20～40歳代は「収益性」を重視しており，50歳代から「安全性」を重視している。「流動性」についてはどの年代も大きな違いは見られない。貯蓄の運用は，絶対に必要な資金は「安全性」に，ここ5年から10年必要がない資金は「収益性」に，そして残りはまさかのために「流動性」に預け入れるとよい。それぞれに対して，3割，3割，3割，というのがこれまでは一般的であるが，その世帯の目的や性格にもよるので，今後，何にどのぐらい必要になるかを計算してみて，「安全性」，「収益性」，「流動性」に預ける割合を，金利の変化，ライフステージの変化や政策の変化とともに見直す必要がある。

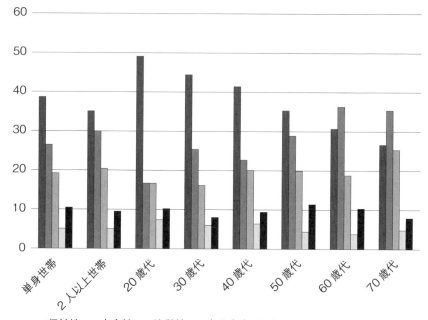

図 7-10 金融商品を選択する際に重視すること
（出典）金融広報中央委員会，「家計の金融行動に関する世論調査2023」より作成

5. 負債

(1) 負債の現状

　様々なライフイベントを借金せずに乗り越えられるのが理想であるが，住宅のような大きな買い物や突発的な出来事が起こったときは，借金をせざるを得ない場合も生じる。借金が全くない人がいる反面，比較的多くの人が貯蓄をしながら，借金も同時にしているのが現状である。ここでは，わが国の借金事情について把握しておこう。借金（負債）に

関するデータも，先の「家計調査」（総務省）と「家計の金融行動に関する世論調査」（金融広報中央委員会）を主に用いて見ていくことにする。

2人以上の勤労者世帯の負債の分布から（図7-11），負債のない世帯が46.8％と約半数を占めていることがわかる。一方，150万円未満の負債の世帯は6.7％であるが，2,400万円以上の負債がある世帯は14.2％と最も多く，次いで1,800万円〜2,400万円の負債がある世帯が8.4%

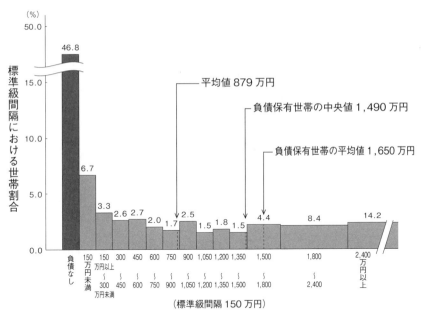

注）標準級間隔150万円（負債現在高1500万円未満）の各階級の度数は縦軸目盛りと一致するが，負債現在高1,500万円以上の各階級の度数は階級の間隔が標準間隔よりも広いため，縦軸目盛りとは一致しない。

図7-11　2人以上の世帯のうち勤労者世帯の負債の分布
　　　　（出典）総務省統計局，2023

である。負債保有世帯の平均負債額は1,650万円，負債保有世帯の中央値は1,490万円と近年増加傾向にある。「負債」という場合，借り入れ先として，郵便局，住宅金融公庫，国民生活金融公庫などの公的金融機関と民間の金融機関である銀行，信用金庫，農協，生命保険会社，そしてその他として，社内貸付，勤め先の共済組合，消費者金融，質屋，親戚・知人などがあげられる。

　貯蓄額と負債額との関係を年間収入五分位階級別に見ると（図7-6），まず年間収入が高くなるに従って，負債現在高も多くなり，第I階級で429万円，第V階級で1,197万円である。貯蓄との関係は，全ての階級で貯蓄額の方が多くなっている。次に負債保有世帯の世帯主の年齢階級別に見ると（図7-6），50歳以上の世帯を除いて，40歳未満と40歳代の世帯では負債額の方が貯蓄額よりも多い。特に40歳未満は2,517万円，40歳代でも1,855万円と高額な負債を抱えている。

（2）住宅と負債の関係

　このように多額の負債を抱える理由は何であろうか。最も考えられるのが住宅ローンである。住宅・土地のための負債の割合を見ると，40歳未満では2,384万円で負債の95％，40歳代は1,740万円で負債の94％を占めている。このことからも，人生の中で負債を負う一番の理由が住宅取得であることがわかる。収入階級別では，住宅・土地のための負債は収入階級が高くなるほど割合が高くなり9割を占めている。負債額は，収入階級が低いと100万円以内と少ないが，収入階級が高くなると1千万円以上と差はあるが，住宅・土地のための負債が8〜9割を占めているので，その内容にあまり差は見られない。

　さらに，住宅の所有関係別の貯蓄と負債との関係を見ると（図7-12），持ち家で住宅ローンの返済をしていない世帯は，勤労者世帯の

第 7 章 ライフサイクルと貯蓄・負債　　113

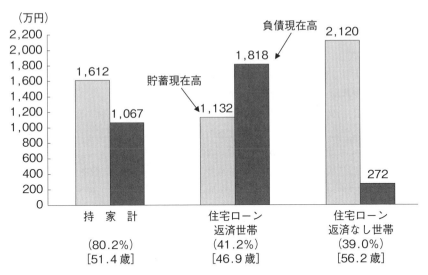

注）1 （　）内は，勤労者世帯に占める割合
　　2 ［　］内は，世帯主の平均年齢

図 7-12　住宅の所有関係別貯蓄・負債現在高（2 人以上の世帯のうち勤労者世帯）
　　　　（出典）　総務省統計局，2023

39％を占めているが，貯蓄額が 2,120 万円もあり，負債は 272 万円と少ない。一方，住宅ローンの返済世帯は勤労者世帯の 41.2％を占め，貯蓄も 1,132 万円あるが，同時に負債が 1,818 万円もあり，94％は住宅・土地のための負債であることから，住宅購入の負担がいかに大きいかがわかる。

参考文献

大藪千穂, 2011, 『お金と暮らしの生活術』昭和堂
奥田真之・大藪千穂, 2023, 『新版　はじめての金融リテラシー』昭和堂
森岡清美・望月嵩, 1989, 『新しい家族社会学』培風館
日本家政学会, 1990, 『家政学事典』朝倉書店
金融広報中央委員会, 2023, 「家計の金融行動に関する世論調査」
　（http://www.shiruporuto.jp/）（参照日 2024 年 7 月 10 日）
総務省統計局, 2023, 『令和 4 年家計調査年報（貯蓄・負債編)』日本統計協会
　（https://www.stat.go.jp/data/sav/2022np/pdf/summary.pdf（参照日 2024 年 7 月 10 日））

学習課題

1．自分の各ライフステージにかかった費用を計算してみよう！
2．生涯収支をシミュレーションしてみよう！
3．貯蓄の目的とそのための費用を表にしてみよう！
4．負債がある場合は，何にどのぐらいの負債があるかを書き出してみよう！

8 | 単身世帯と2人以上の世帯の家計

《目標＆ポイント》 単身でいると，贅沢をしない限り，さほど生活にお金はかからない。2人が一緒に生活を始めたとしても，生活費が2倍になる訳ではない。しかし，子どもの出産とともに教育費や人によっては住宅ローンなど，あれよあれよと言う間にお金は出ていく。本章では，単身世帯の家計，近年の結婚観と結婚にかかる費用，そして，共働き世帯と片働き世帯（特に専業主婦世帯）の家計の違いについて学ぶ。

《キーワード》 単身者，結婚，2人以上の世帯，共働き世帯，片働き世帯

---

1. 単身者の生活

　令和2（2020）年の国勢調査の結果，日本の世帯数は5,583万世帯である（図8-1）。「施設等の世帯」（学校の寮，寄宿舎，病院，療養所等）以外の「一般世帯」は，1人暮らし世帯（単独世帯），核家族世帯（夫婦のみの世帯，夫婦と子どもからなる世帯，ひとり親と子どもからなる世帯），その他の世帯からなっている。一般世帯数は5,570万5千世帯で，1世帯当たり人員は2.21人である。一般世帯数は，2000年以降増加傾向にあり，1世帯当たり人員は減少している。家族類型では，核家族世帯が54.2％を占めており最も多いが，単独世帯数が近年増加傾向にあり，2010年から「夫婦と子どもからなる世帯」よりも多くなっている。国勢調査は5年ごとなので，2025年や2030年は自分で調べて図に記入しておこう。男女別・年齢別に世帯類型を見ると（図8-2），単独世帯の中で最も多いのは，男性は25〜34歳（28.8％）の年齢層であ

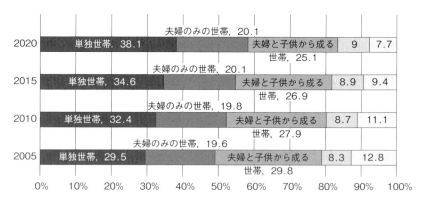

図8-1 国勢調査に見る日本の世帯数の変化
（出典）総務省統計局, 2020

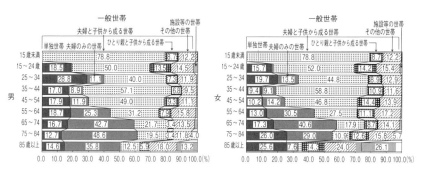

図8-2 男女別家族類型の変化
（出典）総務省統計局, 2020

るが, 女性は75〜84歳（26.0%）であることがわかる。

では, 単身者はどのような経済状態にあるのであろうか。「家計調査」（総務省統計局2023）から2022年度の単身者の家計を見てみよう（表8-1）。「家計調査」には学生の単身者は含まれていない。調査対象

の単身世帯は 658 世帯である。単身者といっても，性別と年齢別によっ
てかなり家計の内容は異なっている。性別で見ると，消費支出金額に男
女差はほとんど見られない。

　しかし構成比を見ると（図 8-3），男性は食費，住居費，交通・通信
費，教養娯楽費に占める割合が多く，女性は被服及び履物費，光熱・水
道費，その他の消費支出（交際費）の割合が多くなる。性別・年齢別に
見ると，35 歳未満では，男性は食費，教養・娯楽費，交際費が多く，
女性は住居費とその他の消費支出が多い。35 〜 59 歳では，男性は食
費，交通・通信費，仕送り金が多く，女性はその他の消費支出，交際費
が多い。60 歳以上の男性は，食費と交通・通信費，女性はその他の消
費支出と交際費が多く，性別・年齢別に支出割合が異なることがわか
る。

　特に食費について中身を見ると（図 8-4），平均では男性の外食，酒

表 8-1　単身世帯性別・年齢別の家計

単位：円

	月平均(円)	平均		35 歳未満		35 〜 59 歳		60 歳以上	
		男性	女性	男性	女性	男性	女性	男性	女性
消費支出	161,753	163,288	160,407	157,372	159,438	184,305	190,059	147,994	151,673
食料	39,069	41,595	36,860	37,587	30,035	44,680	40,075	41,348	37,610
住居	22,116	25,109	21,714	32,960	41,775	31,546	30,044	14,255	14,163
光熱・水道	11,383	12,369	13,738	9,535	8,907	11,712	13,371	14,778	15,055
家具·家事用品	5,687	4,304	6,523	3,194	4,107	4,665	6,468	4,682	7,149
被服及び履物	5,047	4,201	5,786	7,780	7,447	3,899	8,632	2,191	4,501
保健医療	7,384	6,216	8,407	5,809	4,748	4,838	10,844	7,720	8,585
交通・通信	19,300	22,232	16,740	20,345	19,792	26,657	21,391	19,427	14,578
教育	0	0	0	0	0	0	0	0	0
教養娯楽	17,993	19,010	17,101	22,857	20,570	19,638	20,034	15,964	15,336
その他の消費支出	31,071	28,253	33,538	17,306	22,057	36,670	39,203	27,628	34,696
交際費	13,831	10,444	16,796	8,080	6,525	9,233	16,032	13,054	19,606
仕送り金	2,664	5,037	588	1,017	649	12,376	1,647	965	247

（出典）総務省統計局，2023 より作成

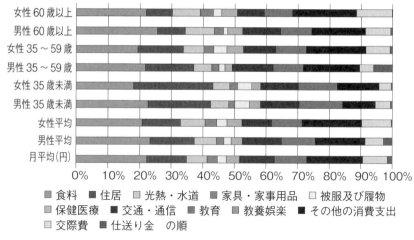

図 8-3　単身世帯性別・年齢別消費支出の構成比
（出典）総務省統計局，2023 より作成

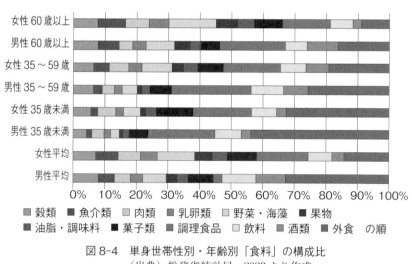

図 8-4　単身世帯性別・年齢別「食料」の構成比
（出典）総務省統計局，2023 より作成

代，飲料が女性より多く，女性は魚介類，肉類，乳卵類，野菜・海藻，果物，油脂・調味料，調味食品など調理する品目が多い。次に年齢階級別に見ると，35歳未満では，男性は外食が4割以上と最も多く，女性は菓子類が多い。35～59歳の男性は，調理食品と外食が多く，女性は魚介類，肉類，野菜・海藻，果物が多い。60歳以上では，男性は調理食品と外食が多く，女性は魚介類，肉類，野菜海藻，菓子類が多くなっており，各年代を通して女性の方が素材となる食料の購入割合が高いことがわかる。男女とも外食の割合も年齢が上がるに従って減少している。これらのデータは1人暮らしをしている単身者が対象であるが，実家に住みながら仕事をしている人も多い。そのような場合は，家にお金を入れている場合でも月額3～5万円なので，給料は全て自分の趣味に使っている人も少なくない。さらに親の収入は，人生の中で最も高い時期にあり，比較的裕福な生活をしているので，結婚によって落差を感じる若者が多く，結婚によって生活水準を落とすことを嫌い，そのまま「パラサイト状態」を何となく続けている人もいる。

2. 結婚

（1）結婚観の変化

　男女ともだれもがある年齢になれば結婚し，子どもを産み育て，老いるまで夫婦共に暮らし，そして死んでいくのが人生という考え方は最近ではかなり変わってきた。

　晩婚化と未婚化については，すでに第7章の図7-2で見てきたように，平均初婚年齢が男性31歳，女性29.4差と晩婚化が進んでおり，50歳時の未婚率は男性28.25％，女性17.81％とこれも増加傾向にある。図8-5から婚姻・離婚件数を見ると，婚姻件数は減少傾向を示しており，2020年には52.6万件である。また再婚件数は，最近変化は見られ

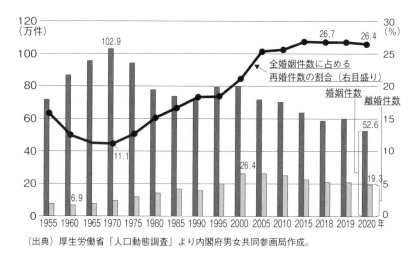

図 8-5 婚姻件数と婚姻率の推移
（出典）厚生労働省，2020

ないが，1970年から増加している。結婚する者に占める再婚者の割合は男性19.4％，女性16.8％と両者とも増加傾向を示しているが，再婚者の割合は男性の方が一貫して高い。離婚件数は2000年をピークに減少あるいは変化はあまり見られず，19.2万件である。

このような晩婚化の理由は様々考えられる。よくいわれている女性の社会進出が最も大きな原因と思われるが，人々の結婚に対する意識変化もあげられる。戦後，結婚するきっかけは見合い結婚が60％以上を占めていたが，今や5.5％まで減少し，多くが恋愛結婚である。ただし最近はSNSやマッチングアプリを利用して知り合った割合が13.6％を占めるという調査もある（国立社会保障・人口問題研究所第16回出生動向基本調査2020年）。この調査によれば，「いずれ結婚するつもり」と考える18〜34歳の未婚者は男性81.4％，女性84.3％と約8割は結婚

願望があることがわかる。ただし「女性のライフコース」の理想像は男女ともに「仕事と子育ての両立」が初めて最多になり，結婚相手の条件として約半数の男性は女性の経済力を重視あるいは考慮する割合が5年前の調査より増えており，7割の女性は，男性の家事・育児の能力や姿勢を重視する割合が前回調査よりも増えている。

　晩婚化，未婚化を促している要因としての経済力については，多くの女性が働き，経済力を持つようになり，結婚の目的を経済の安定と捉える女性が少なくなったことがあげられる。また，コンビニやスーパーの長時間営業，外食産業をはじめとするサービス産業の発展によって，自分で調理や掃除をしなくとも，生活していくことができる時代になった。このような社会背景もまた，晩婚化，未婚化を促していると考えられる。さらに，近年のドメスティック・バイオレンス，家庭内暴力，育児ノイローゼ，介護ストレスなど，結婚することで多くのストレスが存在する可能性を，結婚しないことで，最初から回避してしまっているとの考え方もある（増子，2004）。さらに結婚しないことに対するストレスよりも，結婚へのハードルが高いと，男女とも6～7割が感じているというデータもある。

　近年の就労形態の不安定さも結婚を躊躇する理由になっている。就労形態と未婚率の関係も明らかで，男性正規雇用者の50歳時の未婚率は19.6％であるが，非正規雇用の場合は60.4％と高くなる（日本経済新聞2022年6/8）。一方，女性の正規雇用者の50歳時未婚率は24.8％なのに対して，非正規雇用者は10.3％と，男性とは逆の傾向を示している。

（2）結婚にかかる費用

　ここではひとまず結婚するとしよう。SNS やマッチングアプリでの出会いが 2015 年以降急増している。結婚相談所を利用（婚活サービス）して結婚した人は 15.1％という調査もある（リクルートブライダル総研「婚活実態調査 2022」）。これもネット系サービス利用者の割合が最も高い。特に婚活サイト利用者は 34.1％と過去最高で，そのうち 44.2％が結婚に至っている。次いで多いのが結婚相談所（34.1％）である。

　結婚相談所は無論タダではない。大手の結婚相談所の平均を見ると，料金は入会時に約 40 万円必要である。ほとんどの結婚相談所は全額前払いとしており，サービスごとに別途料金がかかるところもある。気に入った人を紹介してくれなかったので退会したが，入会金がほとんど戻らないなどのトラブルも消費生活センターに報告されている。国民生活センターの消費生活データベースによると，結婚相手紹介サービスに関する相談件数は減少傾向にあるが，毎年 1,500 件前後ある。これらの多くは解約や返金のトラブルである。結婚相手紹介サービスは，「特定商取引法」の対象となっており，8 日以内の「クーリング・オフ」で解約，あるいは契約途中でも解約金は上限 3 万円と決まっており解約できる。

　では，晴れて結婚が決まったとしよう。結婚式にお金をかける人はバブル期に比べると少なくなってきている。「地味婚」という言葉が使われるようになったのは，バブル期がはじけてからである。結婚式はせずに結婚生活に入る人もいるが，一般的に結婚費用は約 371 万 3 千円（リクルート，2023）である。これは，挙式，披露宴，披露パーティーの総額である。また，婚約にかかる費用は平均 6 万 6 千〜 16 万 6 千円，婚約指輪の平均は 35 万 8 千円，結婚式は平均 303 万 8 千円，新婚旅行が

平均29万6千円という結果となっている。新生活にはインテリア・家具で平均31万5千円，家電が37万8千円であるが，住宅はアパート，マンション，同居，一戸建てなどによって金額はかなり変わってくる。

結婚のための貯蓄額の平均は296万9千円と，8割以上が貯蓄して資金を準備している。同時に約8割が親・親族からの援助を得ており，平均178万4千円もの援助がある。このように費用がかかる結婚であるが，ご祝儀を忘れてはいけない。ご祝儀は平均180万4千円と昨今の経済状況を表しているのか，減少している。

このように見ると，新生活を含めた結婚費用にかかる費用は約470万円である。ご祝儀を差し引くと，結婚資金として貯蓄しなければならないのは，約290万円程度となり，結婚のための貯蓄額とほぼ同額となる。結婚前に自宅から仕事に通勤している場合，生活に給料をすべて使わなくてもよいので，比較的結婚資金を貯めることができる。しかし独立して生活している場合，生活に追われ，結婚資金を貯めるのは大変である。貯蓄できたとしても，結婚式にすべてを使い尽くさないことが結婚後の生活設計の基盤を築く上で重要となる。

3. 2人以上の世帯の家計

結婚して2人以上になると，費用が単身時の2倍かかる訳ではない。単身世帯の生活費は月額約16万円である。2人以上の世帯（勤労者世帯）の平均は約29万円なので，単身世帯の約1.8倍である。特に増える費目を生活費の割合から見ると（表8-2），2人世帯に比べると単身世帯は住居，教養娯楽費の割合が多い。2人世帯になると，家具・家事用品費，交通・通信費とその他の消費支出の割合が増加している。2人以上の世帯になると，子どもが増えることから教育費の割合が増加している。単身世帯に比べて2人以上の世帯では住居費の割合が減少するの

表8-2 単身世帯，2人世帯（勤労者），2人以上の世帯（勤労者）の1ヵ月生活費の比較

単位：円（%）

	1か月の金額（円）			単身世帯を1.00とした場合	
	単身世帯	2人世帯	2人以上世帯	2人世帯	2人以上世帯
世帯主年齢	58.3	68.0	50.4		
世帯人員数	1	2	3.24	2.00	3.24
消費支出	161,753 (100.0)	287,982 (100.0)	320,627 (100.0)	1.78	1.98
食料	39,069 (24.2)	68,686 (23.9)	80,502 (25.1)	1.76	2.06
住居	22,116 (13.7)	24,715 (8.6)	20,115 (6.3)	1.12	0.91
光熱・水道	11,383 (7.0)	21,092 (7.3)	24,421 (7.6)	1.85	2.15
家具・家事用品	5,687 (3.5)	12,008 (4.2)	13,000 (4.1)	2.11	2.29
被服及び履物	5,047 (3.1)	9,018 (3.1)	11,293 (3.5)	1.79	2.24
保健医療	7,384 (4.6)	13,904 (4.8)	13,708 (4.3)	1.88	1.86
交通・通信	19,300 (11.9)	45,501 (15.8)	50,688 (15.8)	2.36	2.63
教育	0 (0.0)	1,092 (0.4)	18,126 (5.7)	1092.00	18126.00
教養娯楽	17,993 (11.1)	25,421 (8.8)	29,737 (9.3)	1.41	1.65
その他の消費支出	31,071 (19.2)	66,546 (23.1)	59,036 (18.4)	2.14	1.90
交際費	13,831	20,160	14,810	1.46	1.07
仕送り金	2,664	10,814	8,754	4.06	3.29

（出典）総務省統計局，2023より作成

は，住居を購入しているからと考えられる。交通・通信費の割合が高いのは2人世帯と同様である。その他の消費支出は減少し，単身世帯と同じ割合となった。年齢を見ると，平均で単身世帯は58.3歳，2人世帯は68歳，2人以上の世帯は50.4歳と2人以上の世帯が最も若いが，いずれにしても中高年である。

　表8-3は，収入階級5分位別に見た2人以上の世帯の家計を示している。「家計調査」の収入階級別とは，金額で分類しているのではなく，すべての世帯を収入の低い方から高い方に順番に並べ，世帯数を5や10のグループに分類している。そうすることで，貨幣価値が変わって

第8章　単身世帯と2人以上の世帯の家計　125

表8-3　年間収入5分位階級別1世帯当たり1ヵ月の収入と支出（2人以上の世帯のうち勤労者世帯）

単位：円

	平均	第Ⅰ階級	第Ⅱ階級	第Ⅲ階級	第Ⅳ階級	第Ⅴ階級	格差(倍)
			4,880,000	6,250,000	7,750,000	9,840,000～	第Ⅴ階級
		～4,880,000	～6,250,000	～7,750,000	～9,840,000		第Ⅰ階級
世帯人員（人）	3.24	2.90	3.20	3.31	3.40	3.41	1.18
有業人員（人）	1.79	1.54	1.70	1.86	1.89	1.97	1.28
世帯主の年齢（歳）	50.4	51.9	50.1	49.8	49.2	50.9	0.98
持ち家率（%）	80.1	70.4	77.0	83.0	83.7	86.7	1.23
実収入	617,654	344,781	454,939	557,327	701,929	1,029,294	2.99
世帯主収入	450,906	244,427	335,248	412,066	531,455	731,333	2.99
定期収入	365,128	216,943	286,176	336,772	422,942	562,804	2.59
臨時収入・賞与	3,966	2,708	3,345	4,229	4,028	5,520	2.04
世帯主の配偶者の収入	97,378	31,149	56,361	80,120	112,172	207,086	6.65
可処分所得	500,914	297,220	382,999	461,004	567,187	796,160	2.68
消費支出	320,627	228,551	261,602	293,834	356,413	462,736	2.02
食料	80,502	63,621	71,101	78,343	87,315	102,130	1.61
住居	20,115	22,859	17,820	16,706	21,963	21,225	0.93
光熱・水道	24,421	22,071	23,216	24,544	25,248	27,028	1.22
家具・家事用品	13,000	9,066	11,091	12,511	14,384	17,950	1.98
被服及び履物	11,250	6,590	8,407	9,731	13,334	18,407	2.79
保健医療	13,708	10,131	11,085	12,939	15,390	18,997	1.88
交通・通信	50,688	34,373	40,414	46,507	58,101	74,046	2.15
教育	18,126	5,976	11,409	14,964	21,390	36,889	6.17
教養娯楽	29,737	17,343	22,396	26,846	34,139	47,960	2.77
その他の消費支出	59,036	36,552	44,665	50,742	65,149	98,104	2.68
交際費	14,810	9,887	11,723	13,226	15,991	23,224	2.35
仕送り金	8,754	2,762	3,864	3,896	10,343	22,904	8.29
非消費支出	116,740	47,561	71,940	96,323	134,742	233,134	4.90
直接税	49,445	14,736	25,031	35,513	55,750	116,194	7.89
社会保険料	67,175	32,798	46,856	60,779	78,958	116,482	3.55
エンゲル係数	25.1	27.8	27.2	26.7	24.5	22.1	0.79
黒字率（%）	36.0	23.1	31.7	36.3	37.2	41.9	1.81
平均消費性向（%）	64.0	76.9	68.3	63.7	62.8	58.1	0.76

（出典）総務省統計局，2023より作成

　も収入階級別に比較することが可能となる。5つに分類したものを「5分位階級」といい，低収入階級から第Ⅰ階級，第Ⅱ階級と呼んでいる。

　収入階級が上がるほど，世帯主の年齢が高くなるとは限らないが，有

業人員が若干ではあるが増えている。持ち家率はもともと7割と高いが，収入階級が上がると約8割と高い。黒字率も収入階級が高くなるに従って増加し，平均消費性向（収入に対して消費する割合）は減少していることがわかる。エンゲル係数（消費支出に占める食費の割合）を見ると，年間収入が高くなるに従って低下しており，「エンゲル法則」が現在も息づいていることがわかる。

　収入階級の格差を第Ⅰ階級と第Ⅴ階級で比較すると，実収入で約3倍，世帯主の配偶者の収入で6.65倍ある。10年前は20倍ほどの差があったが，その差は小さくなっていることがわかるが，現在も収入階級の差は，配偶者の収入によって生じているといえる。

　生活費を見ると，消費支出は約2倍である。中でも教育費（6.17倍）と仕送り金（8.29倍）の差が大きいが，これも10年前は20倍もの差があったので差が小さくなってきている。

　次に，世帯主の年齢階級別に家計の変化を見てみよう（表8-4）。持ち家率は年齢階級が上がるに従って高くなるが，70歳以上になると60歳代よりも下がる。実収入は，50〜59歳の年齢階級が最も高く，あとは減少傾向を示す。70歳以上になると，29歳までの年齢階級より低くなる。支出も，50歳代が最も高くなる。中でも交通・通信とその他の消費支出が最も高い。エンゲル係数は70歳以上が最も高くなる。年齢階級と同時に消費支出に占める割合が増加する費目は，光熱・水道とその他の消費支出である。反対に減少する費目は，交通・通信である。また，黒字率は年齢階級が上がるに従って減少し，平均消費性向は増加する傾向にある。

　さらに，世帯人員数別の家計の変化を見てみよう（表8-5）。単身者が2人世帯になった場合の変化については，先に見てきたが，ここでは2人から6人以上までの世帯の家計変化を示している。世帯人員数が増

第8章　単身世帯と2人以上の世帯の家計 | **127**

表8-4　年齢階級別1世帯当たり1ヵ月間の収入と支出（2人以上の世帯のうち勤労者世帯）

単位：円

	平均	～29歳	30～39歳	40～49歳	50～59歳	60～69歳	70歳～
世帯人員（人）	3.24	2.96	3.66	3.65	3.12	2.66	2.39
有業人員（人）	1.79	1.57	1.6	1.74	1.95	1.87	1.62
世帯主の年齢（歳）	50.4	26.8	35.3	44.8	54.3	63.7	73.1
持ち家	80.1	31.5	67.2	79.4	84.4	90.7	83.5
実収入	617,654	513,018	595,266	661,425	696,148	498,437	424,959
世帯主収入	450,906	355,767	447,240	502,101	533,762	311,625	189,045
定期収入	365,128	282,820	355,946	403,604	422,237	273,720	180,349
臨時収入・賞与	3,966	67,750	87,411	93,784	107,125	35,113	7,975
世帯主の配偶者の収入	97,378	91,876	100,389	118,618	108,748	59,249	27,175
可処分所得	500,914	439,483	498,393	534,558	550,095	407,449	371,730
消費支出	320,627	315,159	370,925	453,273	508,701	399,667	313,217
食料	80,502	54,174	72,936	83,658	84,139	80,705	74,303
住居	20,115	40,693	23,855	17,163	18,958	20,913	20,362
光熱・水道	24,421	16,873	21,418	24,124	25,964	25,850	24,811
家具・家事用品	13,000	10,006	12,464	12,778	13,913	13,198	11,007
被服及び履物	11,293	8,822	10,951	12,939	12,362	8,615	8,769
保健医療	13,708	9,042	12,029	12,850	14,404	15,521	15,420
交通・通信	50,688	37,611	43,152	52,099	58,988	48,072	32,393
教育	18,126	2,121	8,181	25,898	28,606	3,566	427
教養娯楽	29,737	19,085	28,967	33,351	30,279	26,425	23,604
その他の消費支出	59,036	43,198	40,098	51,547	75,036	65,815	50,892
交際費	14,810	8,753	9,306	11,013	16,539	22,473	20,045
仕送り金	8,754	541	339	7,680	18,981	4,196	1,192
非消費支出	116,740	73,535	96,874	126,867	146,053	90,988	53,229
直接税	49,445	27,199	37,543	51,999	64,627	39,475	27,039
社会保険料	67,175	46,249	59,262	74,567	81,393	51,480	26189
エンゲル係数	25.1	22.4	26.6	25.6	23.2	26.1	28.6
黒字率（%）	36.0	45.0	45.0	38.9	34.1	24.2	30.1
平均消費性向（%）	64.0	55.0	55.0	61.1	65.9	75.8	69.6

（出典）総務省統計局，2023より作成

えるに従って持ち家率が高くなっている。

　実収入を見ると，これも世帯人員数が多くなるに従って収入額が高くなっているが，6人以上の世帯は若干減少する。世帯主の配偶者の収入

128

表 8-5　世帯人員数別 1 世帯当たり 1 ヵ月間の収入と支出（2 人以上の世帯のうち勤労者世帯）

単位：円

	2 人	3 人	4 人	5 人	6 人～
有業人員（人）	1.53	1.85	1.93	1.97	2.18
世帯主の年齢（歳）	56.3	50.6	46.2	44.8	46.8
持ち家率（%）	74.5	78.3	84.9	87.4	89.1
実収入	520,749	631,333	678,406	697,502	621,191
世帯主収入	388,484	457,079	515,542	505,747	413,746
定期収入	305,104	369,819	410,358	404,767	361,211
世帯主の配偶者の収入	74,739	98,521	111,381	121,175	105,680
可処分所得	422,879	510,813	549,106	564,650	530,432
消費支出	287,982	321,285	333,839	367,683	381,692
食料	68,686	78,754	87,103	97,325	107,763
住居	24,715	21,305	17,043	12,074	15,334
光熱・水道	21,092	24,607	25,662	28,447	33,999
家具・家事用品	12,008	12,909	13,920	13,474	13,508
被服及び履物	9,018	10,671	13,109	14,303	13,939
保健医療	13,904	13,638	13,441	14,380	12,565
交通・通信	45,501	52,373	51,171	59,061	57,030
教育	1,092	15,034	30,253	39,564	41,140
教養娯楽	25,421	28,025	32,899	37,805	35,965
その他の消費支出	66,546	63,970	49,237	51,250	50,450
交際費	20,160	14,564	11,247	10,379	10,563
仕送り金	10,814	13,212	4,305	3,140	2,008
非消費支出	97,869	120,521	129,300	132,852	90,759
直接税	41,731	50,825	54,929	56,670	33,912
社会保険料	56,123	69,637	74,329	75,235	56824
エンゲル係数	23.9	24.5	26.1	26.5	28.2
黒字率（%）	31.9	37.1	39.2	34.9	28.0
平均消費性向（%）	68.1	62.9	60.8	65.1	72.0

（出典）総務省統計局，2023 より作成

　も，世帯員が 3 人～5 人になると増えていることから，教育費や住宅取得のために配偶者の収入が増えていると考えられる。消費支出は実収入と同じく，世帯人員数が増えるに従って増加している。1 人から 2 人になると約 8 万円増加しているが，2 人から 3 人は約 3 万円，3 人から 4

人は約1万円, 4人から5人は約3万円, 5人から6人は約14,000円となっており, 1人から2人になるときに大きく支出が増えるが, 2人以上の場合, 世帯人員が1人増えると, 1万円〜3万円と,「規模の経済」が見てとれる。エンゲル係数は6人以上の世帯が最も高い。

被服及び履物費は人数が増えてもあまり増えない（増やせない）費目である。他では, 教育費とその他の消費支出で大きな違いが見られる。

4. 共働き世帯と片働き（専業主婦）世帯

（1）共働き世帯数と専業主婦世帯数の推移

サラリーマン家庭が増えるまでは, 農業や自営業の家庭では, 共働きが当たり前であったが, サラリーマン家庭が一般的になってくると, 専業主婦世帯の割合の方が多くなった（図8-6）。その後, 女性の社会進出や, 子育て終了後の女性の社会復帰, あるいは教育費や住宅ローンの捻出のためにパートとして働く女性が増加したことなどによって, 1992年に共働き世帯数と専業主婦世帯数は逆転し, 近年は, 共働き世帯数が増加している。これには自営業者は含まれていないので, 自営業の共働き世帯を加えると, 共働き世帯数はもっと多くなる。子どもが小さかったり, 自分自身が病気, あるいは家族の中に介護を必要とする人がいて, 働きたくても働けない場合もあるが, 今や専業主婦世帯は, 裕福の象徴になりつつある。

（2）共働き世帯（フルタイムとパート世帯）と専業主婦世帯の家計

ここではデータ数の多い, 世帯主を男性とした場合の家計について見てみよう。表8-6は,「家計調査」の中の夫のみ有業の世帯（ここでは専業主婦世帯とする）と, 妻が勤労者の世帯, そして妻の勤め先収入が8万円未満と8万円以上, 妻が勤労者以外の世帯の収入と支出の抜粋を

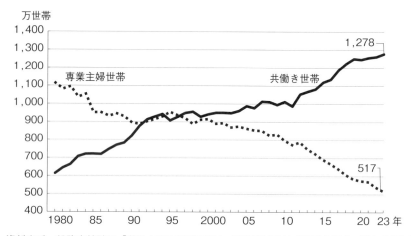

資料出所　総務省統計局「労働力調査特別調査」，総務省統計局「労働力調査（詳細集計）」
注1　「専業主婦世帯」は，夫が非農林業雇用者で妻が非就業者（非労働力人口及び完全失業者）の世帯。2018年以降は夫が非農林業雇用者で妻が非就業者（非労働力人口及び失業者）の世帯。
注2　「共働き世帯」は，夫婦ともに非農林業雇用者の世帯。
注3　2011年は岩手県，宮城県及び福島県を除く全国の結果。
注4　2018年〜2021年は2020年国勢調査基準のベンチマーク人口に基づく時系列接続用数値。

図8-6　共働き世帯数と専業主婦世帯数の推移
（出典）独立行政法人労働政策研究・研修機構，2023
https://www.jil.go.jp/kokunai/statistics/timeseries/pdf/g0212.pdf
（参照日 2024年7月10日）

示している。8万円というのは，103万円の壁を意識して働いているかどうかの境界線であることから，以下では8万円未満をパートタイム世帯，8万円以上をフルタイム世帯と呼ぶことにする。「全国家計構造調査」でも詳細なデータが示されているが，5年に1回であることから，直近のデータを知りたい場合は，「家計調査」を用いるとよい。

　共働き世帯の1ヵ月の平均実収入は約69万円で，専業主婦世帯の1.2倍である。フルタイム世帯は約1.4倍となる。世帯主収入では，専業主

第8章 単身世帯と2人以上の世帯の家計 | **131**

表8-6 専業主婦世帯と共働き世帯の妻の就業形態別1世帯あたり1ヵ月間の収入と支出

単位：円

	夫のみ有業世帯（専業主婦世帯）	共働き世帯			
		妻が勤労者（平均）	妻の収入8万未満	妻の収入8万以上～	妻が勤労者以外
世帯人員	3.13	3.34	3.42	3.31	3.27
世帯主の年齢	50.3	47.9	48.4	47.8	48.2
持家率	78.3	81.8	82.4	82.1	84.3
持家のうち住宅ローンを支払っている世帯の割合	36.7	48.8	51.1	51.2	46.9
家賃・地代を支払っている世帯の割合	19.6	16.8	17.4	17.1	13.3
実収入	564,210	691,285	610,050	774,710	614,354
経常収入	550,606	677,838	595,700	760,032	599,414
勤め先収入	499,541	655,877	568,472	737,636	479,108
世帯主収入	499,541	472,300	511,386	484,658	479,108
定期収入	401,453	381,181	412,246	389,974	401,682
臨時収入・賞与	98,088	91,119	99,139	94,684	77,426
世帯主の配偶者の収入	0	183,576	57,087	252,978	0
事業・内職収入	2,202	1,529	1,555	1,683	86,546
他の経常収入	48,863	20,433	25,673	20,714	33,760
社会保障給付	47,435	19,409	24,158	19,672	26,625
特別収入	13,604	13,446	14,350	14,678	14,940
実収入以外の受取（繰入金を除く）	445,959	481,188	488,429	515,578	518,320
可処分所得	450,464	562,032	499,283	628,342	490,093
実支出	425,325	466,560	444,463	503,217	476,516
消費支出	311,579	337,307	333,696	356,848	352,256
食料	79,875	82,343	81,858	84,242	81,432
住居	20,752	18,864	20,459	19,286	24,154
光熱・水道	23,683	24,158	25,524	24,954	24,067
家具・家事用品	13,677	12,760	13,140	12,892	15,166
被服及び履物	10,794	12,531	11,429	13,211	11,831
保健医療	14,776	13,588	12,203	14,198	13,440
交通・通信	47,066	54,969	50,048	60,967	54,248
教育	17,358	22,194	26,954	22,533	24,037
教養娯楽	30,645	31,946	31,509	33,969	36,310
その他の消費支出	52,952	63,956	60,573	70,596	67,572
非消費支出	113,746	129,252	110,767	146,368	124,260
直接税	54,755	52,199	46,593	57,808	57,257
社会保険料	58,942	77,014	64,134	88,521	66,998
黒字	138,885	224,725	165,587	271,493	137,837
平均消費性向	69.2	60.0	66.8	56.8	71.9
黒字率	30.8	40.0	33.2	43.2	28.1
エンゲル係数	25.6	24.4	24.5	23.6	23.1

（出典）総務省統計局，2023より作成

婦世帯の世帯主収入は約50万円であるが，パートタイム世帯の世帯主の収入は51万円と専業主婦世帯よりも若干ではあるが多い。つまり，世帯主の収入を補完する形で共働きをしていることがわかる。フルタイム世帯の妻の収入は約25万円である。

　次に支出を見ると，消費支出は専業主婦世帯が約31万円に対して，共働き世帯の平均は約34万円，パートタイム世帯は約33万，フルタイム世帯は約36万円と1〜2万円の差となっており，あまり変わらない。各費目の割合を見ると，専業主婦世帯とフルタイム世帯とで大きく異なる費目は，特に交通・通信費，教育費，教養娯楽費，その他の消費支出でフルタイム世帯の支出割合が大きく，住居費，家具・家事用品費，保険医療費は小さい。非消費支出はフルタイム世帯の特に社会保険料の支出が増えている。平均消費性向はフルタイム世帯は6割以下と低く，黒字率は専業主婦世帯が3割であるのに対して，4割と高くなっている。特徴的な費目の品目を抜粋して示したのが表8-7である。

　実収入以外の受取（土地家屋借金）は，専業主婦世帯にはないが，パート世帯で5千円ほどがある。食費では調理食品の支出に差はないが，共働き世帯の方が外食が増える。また交通・通信費では，共働き世帯の自動車関係費がフルタイムでは特に高く，専業主婦世帯と1万円の差がある。教育費に関しては，授業料と補習教育で差が生じている。またその他の消費支出では，特に仕送り金がフルタイム世帯で高くなっている。実支出以外の支払を見ると，預貯金の金額は10万〜15万円の差があり，他には住宅ローンの返済，クレジット返済で差が生じている。またフルタイム世帯は，増えた収入を社会保険料と黒字に振りわけていることがわかる。

　以上まとめると，共働き世帯で特に金額が高いのは，その他の消費支出，食料費，教育費，交通・通信費である。その他の消費支出では仕送

表 8-7 専業主婦世帯と共働き世帯の妻の就業形態別 1 世帯あたり 1 ヵ月間の収入と支出の抜粋

単位：円

		夫のみ有業世帯（専業主婦世帯）	共働き世帯			
			妻が勤労者（平均）	妻の収入8万未満	妻の収入8万以上～	妻が勤労者以外
実収入以外の受取	土地家屋借入金	0	1,415	5,593	884	0
食費	調理食品	11,367	12,067	11,407	12,320	11,134
	酒類	3,376	3,796	3,267	4,115	2,786
	外食	13,366	16,183	15,160	16,989	17,685
	一般外食	12,090	14,306	13,038	15,024	15,863
住居費	家賃地代	12,625	11,193	10,240	11,489	9,291
交通・通信費	交通	5,678	6,055	5,635	6,600	7,928
	自動車等関係費	28,578	34,140	29,375	38,864	32,720
	自動車等購入	8,714	11,465	7,779	14,411	12,501
	自転車購入	686	502	662	459	311
	自動車等維持	19,179	22,173	20,934	23,993	19,908
	通信	12,810	14,774	15,038	15,503	13,601
教育費	授業料等	12,058	15,467	19,373	15,891	14,825
	教科書・学習参考教材	340	451	471	454	466
	補習教育	4,960	6,275	7,109	6,188	8,745
教養娯楽費	教養娯楽サービス	17,328	18,467	18,958	19,660	21,093
	宿泊料	2,141	2,312	2,168	2,519	2,853
	パック旅行費	1,236	1,630	1,419	1,758	1,851
	月謝類	4,398	4,585	5,399	4,823	4,997
その他の消費支出	交際費	14,769	14,921	13,343	16,577	14,606
	仕送り金	5,471	11,366	8,190	13,885	17,387
	諸雑費	24,760	29,086	28,035	31,159	25,622
	理美容サービス	2,972	3,475	3,423	3,729	3,284
	理美容用品	5,048	5,691	5,359	6,040	5,320
	身の回り用品	1,963	2,295	1,738	2,566	2,075
実支出以外の支払	預貯金	451,701	552,328	497,977	617,905	493,338
	保険料	20,062	26,294	23,200	29,481	23,811
	有価証券購入	4,365	4,950	2,586	6,061	7,454
	土地家屋借金返済	35,667	44,184	42,728	47,369	43,771
	クレジット購入借入金返済	87,908	91,298	94,609	99,283	98,514
繰越金	繰越金	151,293	161,902	103,811	156,448	158,083

（出典）総務省統計局，2023 より作成

り金（親への仕送り金と子どもへの仕送り金の両者が含まれる），食料費では外食，教育費では授業料と補習教育費，交通・通信費では自動車関係費が高い。仕送り金や授業料は共働きになるための費目と考えられ

るので，「要因的支出」と呼べる。また，外食，自動車関係費などは共働きであることから必要な費目と考えられるので，「経費的支出」と呼ぶことができる。共働き世帯は「要因的支出」が専業主婦世帯よりも高いことから，「経費的支出」を抑えながら，「要因的支出」を支出せざるを得ない状態であることがわかる。

　近年はフルタイムでも支出を抑えながら生活していることがわかる。「要因的支出」と「経費的支出」のバランスを事前に立てておく必要がある。そうでなければ，働いて得た収入と「経費的支出」が同じ，あるいは「経費的支出」の方が多いと，自己実現のために共働きになった場合はよいが，経済的理由で共働き世帯になった場合，何のために働いているのかわからなくなる。ただし，人材不足が加速するので，今後は「○○○円の壁」も変化があると考えられるので，ニュースをしっかり確認しておきたい。

第 8 章　単身世帯と 2 人以上の世帯の家計　｜　**135**

参考文献

総務省統計局，2023，家計調査年報，令和 4 年度　家計収支編

国立社会保障・人口問題研究所，第 16 回出生動向基本調査（結婚と出産に関する
　全国調査）https://www.ipss.go.jp/ps-doukou/j/doukou16/doukou16_gaiyo.asp
　（参照日 2024 年 7 月 10 日）

内閣府男女共同参画局，令和 4 年 2/7「結婚と家族をめぐる基礎データ」
　https://www.gender.go.jp/kaigi/kento/Marriage-Family/8th/pdf/1.pdf
　（参照日 2024 年 7 月 10 日）
　https://www.ipss.go.jp/ps-doukou/j/doukou16/doukou16_gaiyo.asp
　（参照日 2024 年 7 月 10 日）

リクルートブライダル総研「婚活実態調査 2022」
　https://souken.zexy.net/data/konkatsu/konkatsu2022_release.pdf
　（参照日 2024 年 7 月 10 日）

ゼクシィ 2023　https://zexy.net/mar/manual/kiso_okane/chapter1.html
　（参照日 2024 年 7 月 10 日）

増子勝義編，2004,『新世紀の家族さがし　おもしろ家族論』学文社

国勢調査（2020）（出典）総務省統計局，2020
　https://www.stat.go.jp/data/kokusei/2020/kekka/pdf/outline_01.pdf　p.35
　（参照日 2024 年 7 月 10 日）

日経 xwoman,
　https://woman.nikkei.com/atcl/aria/column/19/122300244/072000007/
　（参照日 2024 年 7 月 10 日）

学習課題

1．自分の家計と平均値とを比較してみよう。割合も計算してみよう。
2．世帯の変化によって何がどの程度変化するのかを細かく計算してみ
　よう。

9 | 子どもにかかる費用

《目標＆ポイント》 少子化に伴って，子どもへの教育費の増加には目を見張るものがある。子どもの教育費はいくら必要なのか，子どもの出産から，幼稚園・保育園，小学校，中学校，高等学校，大学・専門学校までを考えたい。
《キーワード》 義務教育費，学校教育費，学校外活動費，教育費の準備

1．就学以前にかかる費用

　子どもにかかる費用といえば，学校教育のみに目がいきがちであるが，子どもにかかる費用は学校教育費だけではなく，出産前から始まっている。女性が生涯に産む子どもの数を表す「合計特殊出生率」は図9-1 に示すように，1949 年に 4.32 と最も高かったが，その後「ひのえうま」の年以外は，徐々に減り続け，平成 17 (2005) 年の 1.26 まで下がった。その後微増したが，令和 5 (2023) 年にはまた 1.20 と最低になった。「合計特殊出生率」とは，出産を終えた世代の高年齢時の低い出生率と，晩婚化・晩産化により，出産を先送りしている世代の若年齢時の低い出生率の合計であるため，実際に 1 人の女性が一生の間に生む子どもの数よりも低いとされているが，少子化に歯止めはきかない。

（1）不妊治療
　時代が変わってきたといっても，結婚と出産を結び付けて考えている人は多い。わが国では，2.6 組に 1 組の夫婦が不妊を心配しているとい

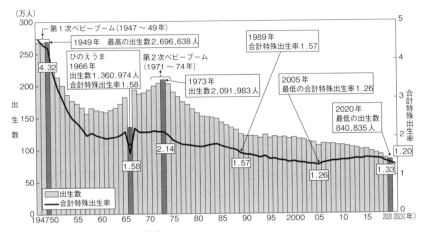

図 9-1　合計特殊出生率の推移
　　　　（出典）内閣府：「令和3年度少子化の状況及び少子化への対処施策の概況」

われている。2021年に不妊治療を受けている人は約50万人，不妊に悩む人はその5倍はいるといわれている。

　不妊治療にはいろいろな方法がある。大別すると，「一般不妊治療」と「高度生殖医療」に分けることができる。前者には，「タイミング法」や「排卵誘発法」，「薬物（漢方）療法」，「配偶者間人工授精（AIH）」が含まれる。「高度生殖医療」には，「体外受精（IVF）」や「顕微授精（ICSI）」などがある。「タイミング法」は，自然な排卵周期にタイミングを合わせる方法と，排卵誘発剤を使って妊娠にタイミングを合わせる方法があるが，両者とも自然に近い形なので精神的・肉体的・経済的負担が少ないとされている。しかしこの方法でうまくいかない場合は，「配偶者間人工授精」となる。これは，精子に濃度と運動率を高める処置をして注射器で子宮内に戻す方法である。一方，「高度生殖医療」として，卵子と精子を人工的に受精させる受精卵を子宮に戻す「体

外受精」と「顕微授精」がある。2022年からは不妊治療が公的医療保険の適用となっているが，自費診療や先進医療は対象外である。また保険を適用して行った特定不妊治療（顕微授精と対外受精）及び特定不妊治療に伴い保険を適用した男性不妊治療に対しても支払った医療費（3割負担分）について10万円を上限とした助成をしている自治体もある。

　「体外受精」（約7万人）では，39歳が最多で，40歳，41歳と続く。2021年の総出生数が81万1,622人なので，11.6人に1人が体外受精で生まれたことになる。「顕微授精」は約15万人（2020年）とされている。経済面の支援は手厚くなってきたが，精神的負担の軽減を目的に，地域の中核的役割を担う保健医療施設において，「不妊専門相談センター事業」として，専門医が不妊に関する医学的な相談や心の悩みの相談を行っている。

（2）出産

　妊娠，出産する場合，妊娠や分娩は健康保険の対象外なため，妊娠がわかってから様々な健診を受けることになるが，検診や定期健診14回を合わせると約22万円といわれている。一方，出産にかかる費用は正常分娩の場合，病院等によって金額に差は生じるが，約30万円～40万円である。出産にかかる総費用で見ると平均68～73万円である。その内訳は，分娩・入院費用約47万円，出産準備品購入費用10万～15万円，公的制度による控除約7万円（厚生労働省：2021）である。

　公的制度にはいくつかあるが，代表的なものとして，出産育児一時金，出産手当金，妊婦健診補助券（14回分），高額療養制度（1ヵ月上限を超えた額を支給）などがある。妊娠・出産時の10万円給付に加え，出産育児一時金は，最大50万円支給される。仕事をしていた女性が産休を取得する場合，健康保険から「出産手当金」が支給される。欠

勤1日につき標準報酬日額の3分の2に相当する額が，勤め先が加入している健康保険から支給される。支給日額には上限が設けられている。未熟児（出生時の体重が2,000グラム以下）で出産し，医療機関での入院や養育が必要な場合は，健康保険の自己負担分が助成される。地域によっては，乳幼児医療費助成として，乳幼児にかかる医療費の健康保険の自己負担分を助成する制度もあるので，出産前に調べておきたい。

（3）育児費用

　育児費用は人それぞれであるが，一般に1ヵ月1万〜12,000円とされている。これにはミルク代，おむつ代，食事代，洋服代が含まれている。平均して，1ヵ月の粉ミルク代が4,000円，紙おむつ代が3,500円，食費が2,400円であるが，肌着が1,700円に対して，肌着以外の衣服が5,200円と最も高い。哺乳瓶やベビーカー，ベビーベッドなどの育児用品は含まれないので，購入する場合は20万円，レンタルの場合はおよそ，その半分である。また妊娠・出産に関する行事では，安産祈願・帯祝いを8割，お宮参りは9割弱の人が実施しており，写真館・スタジオでの記念撮影も6割と多い。これらのメモリアル関連の費用として35,000円が支払われている。

　一方，「児童手当」は少子化によって「次元の異なる少子化対策」として増額されている。0〜2歳が1.5万円，3歳から高校生までの第1子，2子が1万円，第3子以降は年齢を問わず月3万円が支給されるように変更になった。ひとり親世帯などに支給する児童扶養手当も2024年1月から拡充されており，第2子以降の加算額も1万750円に増額されている。2024年10月から所得制限は撤廃され，支給期間も高校生年代まで延長された。財源が気になるが，2026年から公的医療保険に上乗せされ，「子ども・子育て支援金」として徴収される予定である。

2028年度までに年3.6兆円が必要となるが,「子ども・子育て支援金制度」として,まずは約1兆円を,1人当たり月500円弱の負担として改正し,不足分は2024年度から新たな国債「子ども・子育て支援特例公債」（2219億円）を発行する。その他は予算の組み換えで約1.5兆円,社会保障の歳出制限で約1.1兆円を確保する予定である。今後も,金額や制度の変化が起こり得るので注視したい。

2023年8月には,この出生後8週間の期間内に合計4週間分を限度として,産後パパ育休（出生時育児休業・2回まで分割取得できる）を取得した場合,一定の要件を満たすと「出生時育児休業給付金」の支給が決定された。他にも育児休業中,給与がない場合,社会保険料（健康保険・厚生年金保険）の支払いが満3歳に達するまで免除される「育児休業中の社会保険料の免除」制度がある。さらに,3歳未満の子どもを養育するため,勤務時間の短縮などによって標準報酬月額が低下した場合,届け出を行えば,子が生まれる前の標準報酬月額のままであったとみなして,将来の年金受取額が低下しないように配慮する措置が創設されている。今後も少子化の影響から,育児休業給付の給付率の引き上げや,育児休業取得者に対し,独自に経済的支援を行う事業主に対する新たな助成制度の創設などの取り組みが期待される。

2. 1人の子どもにかかる教育費

1人の子どもにかかる費用は,人によって異なるが,幼稚園3年間,小学校～高校を公立,大学は私立文系の場合,平均約982万円である（生命保険文化センター2023）。小学校から高校までの公立学校と私立大学の学校教育費,学校給食費,学校外活動費（塾や習い事等）では,全て公立学校の場合は527.2万円,全て私立学校の場合は1746.1万円と,私立は公立の約3.3倍の費用がかかる。公立学校の学校教育費と学

第9章　子どもにかかる費用 ｜ **141**

校給食費のみを計算すると207.6万円ですむ。大学については後述するが，国公立か私立か，文系か理系か，自宅か下宿か等によって金額は大きく変わってくる。

（1）就学前教育

　幼稚園，保育園は義務教育ではないが，多くの人が通園している。保育園の場合，生後すぐから小学校入学まで6年間通園する場合もある。公立の認可保育園の保育料は扶養者の前年の所得税額，子どもの数，子どもの年齢等によって異なる。保育所数は約23,000ヵ所あるが，公立保育所が減少する中，私立保育所は増加している。認可保育所に入れない待機児童もいるが，約2,600人と減少傾向にある（こども家庭庁：2023）。

　公立・私立・認可保育園の費用としては（生命保険文化センター2023），0歳～2歳まで年間約53.4万円（3年間で約160万円）である。3歳～5歳に関しては，2019（令和元）年10月から幼児教育・保育の無償化が開始されているため，保育所・幼稚園等の利用料（通園送迎費・食材料費等は対象外）が無償となっている。支援新制度の対象外の場合は月額2.57万円までが無償となる。

　学校外活動費を見ると，年額公立で9万円，私立は14.4万円となり，私立の場合，1ヵ月約1万円かけていることがわかる。表9-1から，幼稚園児から学習塾に通っている姿が伺える。

（2）小学校

　義務教育は小学校から始まる。公立小学校は授業料がかからないので，前述の表9-1のように，「学校教育費」は年間平均して約66,000円なので，6年間で約40万円である。学校給食費は自治体によって金額

142

表9-1　幼稚園から高校までの各年の教育費

(円)

区　分		幼稚園		小学校		中学校		高等学校（全日制）	
		公立	私立	公立	私立	公立	私立	公立	私立
学習費総額		165,126	308,909	352,566	1,666,949	538,799	1,436,353	512,971	1,054,444
公私比率		1	1.9	1	4.7	1	2.7	1	2.1
うち学校教育費		61,156	134,835	65,974	961,013	132,349	1,061,350	309,261	750,362
構成比（%）		37.0	43.6	18.7	57.7	24.6	73.9	60.3	71.2
公私比率		1	2.2	1	14.6	1	8.0	1	2.4
うち学校給食費		13,415	29,917	39,010	45,139	37,670	7,227	…	…
構成比（%）		8.1	9.7	11.1	2.7	7.0	0.5	…	…
公私比率		1	2.2	1	1.2	1	0.2	…	…
うち学校外活動費		90,555	144,157	247,582	660,797	368,780	367,776	203,710	304,082
構成比（%）		54.8	46.7	70.2	39.6	68.4	25.6	39.7	28.8
公私比率		1	1.6	1	2.7	1	1.0	1	1.5

(注)　1　令和3年度の年額である。（以下の表において同じ。）
　　　2　「公私比率」は，各学校種の公立学校を1とした場合の比率である。
(参考)　公立・私立学校総数に占める私立学校の割合，及び公立・私立学校に通う全幼児・
　　　児童・生徒数全体に占める私立学校に通う者の割合は，幼稚園では学校数：66.9%
　　　／園児数：87.2%，小学校では学校数：1.3%／児童数：1.3%，中学校では学校
　　　数：7.8%／生徒数：7.7%，高等学校（全日制）では学校数：28.2%／生徒数：
　　　34.4%である。
※高等学校（全日制）の生徒は，本科生に占める私立の割合である。
※学校数，幼児・児童・生徒数は，令和3年度学校基本統計（学校基本調査報告書）によ
　　る。
(出典)　文部科学省：「子どもの学習費調査」令和3年度版

は異なるが，6年間で約23万円なので，義務教育でも純粋にかかる学
校教育費と学校給食費で6年間に63万円は準備する必要がある（1ヵ
月約8,800円）。「学校外活動費」は6年間で約149万円，（月額約2万
円）と高い。学校外活動費は少ない児童もいるのと，学年によって若干
かかる費用が変わってくるが，学習費総額は年間約35万円（1ヵ月約3
万円）なので，6年間で211万円である。一方，私立学校の「学習費総
額」は年間約167万円で，授業料の学校教育費が半数を占めている。次
に多いのが学校納付金等である。6年間では1千万円を超えてしまう。

第9章 子どもにかかる費用　143

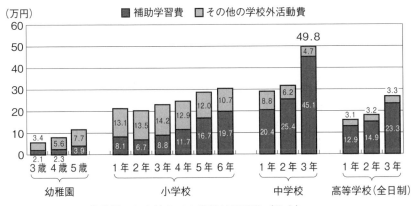

図 9-2　幼稚園から高校までの学校外活動費（公立）
　　　（出典）文部科学省：「子どもの学習費調査」令和3年度版

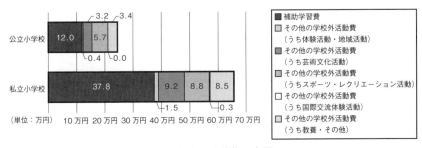

図 9-3　小学校にかかる学校外活動費の内訳
　　　（出典）文部科学省：「子どもの学習費調査」令和3年度

　図9-2，図9-3は，公立と私立小学校にかかる学校外活動費の内訳である。私立小学校は公立小学校の3倍ほどかかっていることがわかる。

（3）中学校

　公立中学校の場合（表9-1），「学習費総額」は平均年間約54万円，3年間で約161万円である。その内訳を見ると，「学校教育費」が約13万円，「学校給食費」が3.7万円，「学校外活動費」が約37万円となっており，「学校外活動費」の占める割合が大きいことがわかる。義務教育なので公立の場合授業料はかからないため，「学校教育費」は低い。一方，「学校外活動費」の内訳では（表9-2），「補助学習費」が約30万円（月2.5万円）と高く，公立中学校でも高校受験の準備に教育費がかかっていることがわかる。

　私立中学校の「学習費総額」は，平均年間約144万円，3年間で約432万円と高額である。さらに「学校教育費」の内訳を見ると，授業料が「学校教育費」の約半分を占めており，通学関係費も高いのが私立の

表9-2　中学校にかかる学校外活動費（1年間）の内訳

	中学校	
	公立	私立
学校外活動費	368,780	367,776
補助学習費	303,136	262,322
家庭内学習費	16,276	40,028
通信教育・家庭教師費	29,379	36,964
学習塾費	250,196	175,435
その他	7,285	9,895
その他の学校外活動費	65,644	105,454
体験活動・地域活動	995	5,656
芸術文化活動	19,567	33,591
スポーツ・レクリエーション活動	30,247	28,795
国際交流体験活動	65	5,857
教養・その他	14,770	31,555

（出典）文部科学省：「子どもの学習費調査」令和3年度

特徴といえる。一方，「学校外活動費」は公立とあまり差はない。習い事等の「その他の学校外活動費」は公立よりも常時高い。小学校から中学まで私立の場合，教育費は1,400万円にもおよぶ。

3. 高等教育にかかる費用

（1）高校

　高等教育からは義務教育ではないが，全日制の進学率が94.1％，定時制を加えると98.8％なので，高等教育費は必需費用となっていると考えてよいだろう。平成22（2010）年からは公立高等学校の授業料が無償化された。これは，高等教育は義務教育ではないが，家庭の状況にかかわらず全ての意志ある人が安心して勉学に打ち込める社会をつくるため，国の費用により公立高等学校の授業料を無償とし，家庭の教育費負担を軽減することを目的に実現された。全日制以外に定時制と通信制も含まれる。無償化となるのは正規の生徒の授業料のみであり，入学金，教科書代や修学旅行費等の授業料以外の学費は無償とはならない。

　公立学校の全日制の場合（表9-1），「学習費総額」は平均年間約51万円，3年間で約153万円である。「学校外活動費」は平均約20万円である。その内訳は，「補助学習費」が85％を占めており，その中でも「学習塾」が7割を占めているので，大学受験のための費用が影響していることがわかる。小学校から高校まで公立の場合，教育費の総額は約530万円となる。

　一方，私立高校の「学習費総額」は，平均年間約105万円かかるが，公立学校との教育費の差は，中学時代に比べると小さくなっている。公立高校の無償化に対して，国の制度では私立の生徒に対しても同等額（年間12万円）を支援することとなっている。

　また，低所得者世帯は24万円を上限に増額している。ただこれだけ

では私立学校の学費は賄えないため，各都道府県で国の制度に上積みして支援する動きも出ている。1年生の「学習費総額」は，入学金の影響を受けて最も高く，3年生は最も少ない。「学習費総額」の8割は「学校教育費」が占めている。「学校教育費」と「学校外活動費」の内訳から，授業料が「学校教育費」の約半分を占めており，また学校納付金等も約22万円と多い。「学校外活動費」は公立とは10万円の差があり，補助学習費で7万円ほどの差がある。

　幼稚園から高校まで私立学校の場合，約1,500万円の教育費が必要となる。近年は不況の影響から，私立高校に進学しても家庭の経済状態の悪化により退学をせざるを得ない生徒も増えているので，入学時にも長い目で見た生活設計が必要である。

（2）大学と専門学校

　大学や専門学校の教育費用を，教育機関の中で終点と考えている人も多いだろう。国立大学の授業料も今後，変化が生じると考えられるが，4年間の授業料は約242.5万円，私立大学の場合は学部によって授業料は異なるが，私立文系で平均約407.9万円，私立理系で平均約551.2万円である（表9-3）。専門学校も年間100万円ほどが必要となる。

　また学費以外に生活費がかかってくる。自宅の場合と下宿の場合では，合計支出額に大きな差が生じる。生活費は自宅生の場合154万円だが，下宿の場合は443万円と約2.8倍かかり，半分は住居費である。

　表9-4に示しているのは，幼稚園から大学までにかかる費用の一覧である。これを見ても，学校教育費だけで一番安くすんだ場合でも約574万円かかり，全部私立の場合は1,838万円もかかり，平均すると約1,206万円もかかることがわかる。

第 9 章　子どもにかかる費用　　**147**

表 9-3　大学・専門学校にかかる費用と大学生の生活費（4 年間）

大学・短期大学				自宅生	下宿生
	学校種	学費	住宅光熱費	－	約 199.1 万円
大　学	国立 4 年間	約 242.5 万円	食費	約 34.2 万円	約 109.4 万円
	私立文系 4 年間	約 407.9 万円	保健衛生費	約 16.4 万円	約 16.9 万円
	私立理系 4 年間	約 551.2 万円	娯楽し好費	約 51.4 万円	約 54.5 万円
	私立薬系 6 年間	約 1,076.8 万円	その他日常費	約 52.6 万円	約 63.5 万円
	私立医歯系 6 年間	約 2,396.2 万円	合計	約 154.6 万円	約 443.4 万円
短期大学	私立 2 年間	約 201.8 万円			

専門学校		
	分野	学費
2 年間	工業関係 土木・建築，測量，自動車整備，機械，情報処理・IT，電気・電子，ゲーム・CG	約 241.0 万円
	工業・農業 バイオテクノロジー	約 237.6 万円
	衛生関係 栄養，調理，製菓，理容，美容	約 288.0 万円
	教育・社会福祉関係 保育，教育，介護福祉，社会福祉	約 210.4 万円
	商業実務関係 簿記・ビジネス・IT，旅行・ホテル・観光，医療秘書，医療管理事務	約 217.8 万円
	服飾・家政関係 服飾・家政	約 209.1 万円
	文化・教養関係 語学，美術，デザイン，写真，音楽，演劇，映画，放送，法律行政，動物，スポーツ，アニメ，声優，ゲーム	約 229.7 万円
3 年間	医療関係 看護，臨床検査，診療放射線，臨床工学，理学療法・作業療法，柔道整復，歯科技工，歯科衛生，はり・きゅう・あん摩マッサージ指圧	約 395.5 万円

（出典）公益財団法人生命保険文化センター『君とみらいとライフプラン』2023 年版

表9-4　幼稚園から大学までにかかる費用

(円)

区　分	学習費総額				合　計
	幼稚園	小学校	中学校	高等学校 (全日制)	
ケース1 (すべて公立)	472,746 (公立)	2,112,022 (公立)	1,616,317 (公立)	1,543,116 (公立)	5,744,201 (公→公→公→公)
ケース2 (幼稚園だけ私立)					6,196,091 (私→公→公→公)
ケース3 (高等学校だけ私立)					7,357,486 (公→公→公→私)
ケース4 (幼稚園及び高等 学校が私立)	924,636 (私立)	9,999,660 (私立)	4,303,805 (私立)	3,156,401 (私立)	7,809,376 (私→公→公→私)
ケース5 (小学校だけ公立)					10,496,864 (私→公→私→私)
ケース6 (すべて私立)					18,384,502 (私→私→私→私)

(出典) 文部科学省:「子どもの学習費調査」令和3年度

4. 教育費の準備

　これまで見てきたように，教育費は1人約1,000〜1,200万円かかる（表9-4）。このため，子どもの出産自体を考え直す人もでてきているほどである。支出期間が20年以上であるとはいえ，これほど高額な費用を何の準備もせずに出費する人はほとんどいない。多くの人は子どもを出産したときから「こども保険」などで準備を始める。「こども保険」とは，親に万が一のことがあったときに，それ以降の保険料は免除され，祝い金や満期金は契約通り受け取れる保障がついている保険商品を指す。「こども保険」以外には，「年金教育貸付」や「教育ローン」等がある。

また，奨学金制度も忘れてはならない。「独立行政法人　日本学生支援機構」の奨学金がよく知られているが，経済的理由から修学が困難である，優れた学生に対して主に貸与される制度である。返済不要の「給付型奨学金」も 2020 年から始まっている。給付型奨学金の対象となれば，大学・専門学校等の授業料・入学金が免除または減額される。2024年からは「多子世帯支援」，「理工農系支援」も始まっている。もう 1 つは無利子で借りる「第一種奨学金」と有利子で借りる「第二種奨学金」，第一種と第二種の併用貸与がある。第二種は，在学中は無利息であり，第一種奨学金よりもゆるやかな基準によって選考される。どちらも扶養者の所得制限が設けられている。令和 2（2020）年度は大学生で 49.6%が受給している。さらに，それぞれの地方自治体も奨学金制度を備えている。また，学校によって独自の奨学金制度を設置しているので，受験前に調べてから，大学を決めることも，重要な選択肢の 1 つになっていくであろう。さらに，近年は企業が様々な奨学金制度を提供しているので，とにかく情報収集が何よりも大切である。

参考文献

厚生労働省，「人口動態統計」

文部科学省，2022 年，「子どもの学習費調査」
　https://www.mext.go.jp/b_menu/toukei/chousa03/gakushuuhi/kekka/k_detail/mext_00001.html（参照日 2024 年 7 月 10 日）

文部科学省ホームページ，http://www.mext.go.jp/（参照日 2024 年 7 月 10 日）

全国学童保育連絡協議会ホームページ，http://www2s.biglobe.ne.jp/Gakudou/（参照日 2024 年 7 月 10 日）

厚生労働省保険局「第 155 回社会保障審議会医療保険部会資料」

公益財団法人生命保険文化センター，2023 年，「君とみらいとライフプラン」2024年度版
　https://www.jili.or.jp/files/school/yokoku/2024seitoyou_wb.pdf（参照日 2024 年7 月 10 日）

学習課題

1．自分のこれまでの教育費を計算してみよう。
2．最近の子どもを取り巻く助成金について調べてみよう。

10 │ 離婚の経済とひとり親世帯の家計

《目標＆ポイント》 近年増えている離婚の現状とそれにまつわる経済について，また離婚によって増えているひとり親世帯の家計について把握し，それぞれの家計の特徴を理解する。ひとり親世帯については母子世帯の家計を学ぶ。

《キーワード》 離婚，養育費，年金分割，母子世帯，父子世帯

---

1. 離婚の経済

　わが国の離婚件数は，平成 14（2002）年の約 29 万組をピークに減少傾向にあり，令和 2（2020）年は 19 万 3,000 組，離婚率は 1.47（人口千対）である（図 10-1，2022 年）。令和 4 年度の家庭裁判所に提起された人事訴訟事件の約 9 割は離婚である。令和 4 年度の「離婚に関する統計」（厚生労働省）では，平均しておよそ結婚した 3 組に 1 組が離婚している。離婚は協議離婚が約 9 割を占めているが，この割合も減少傾向にある。協議離婚以外の裁判離婚の中では，調停離婚が最も多く，和解離婚，審判離婚，判決離婚の順であるが，調停離婚は減少傾向にあり，審判離婚が上昇傾向にある。

　年齢層では，男性は 35 ～ 39 歳，女性は 30 ～ 34 歳の離婚率が高く，次いで男性は 40 ～ 44 歳，女性は 35 ～ 39 歳である。離婚に至るまでの同居期間が 5 年未満の場合の離婚率は 31.7％と多いが，中でも 2 ～ 3 年で離婚する割合が最も多い。離婚の動機は，夫も妻も第 1 位は「性格

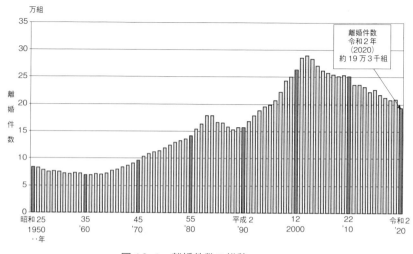

図10-1　離婚件数の推移
（出典）厚生労働省，2022

が合わない」である。しかし2位以降は夫と妻とでかなり異なってくる。妻の場合は，2位以降は「生活費を渡さない」，「精神的虐待」，「暴力をふるう」，「異性関係」，「浪費する」とドメスティック・バイオレンスの内容が多いのが特徴である。一方，男性の場合の2位以降は，「精神的虐待」，「家族・親族と折り合いが悪い」，「浪費」，と理由が若干異なっている。どちらの理由においても，経済的理由が入っているが，妻は夫がお金を渡さないことを第2の理由にしている一方，夫は妻の浪費を第4位の理由にしているという違いからも，離婚における男女の経済関係が浮き彫りになっているといえよう。

（1）離婚にかかる費用

　結婚するときは幸せいっぱいであるが，離婚を迎えざるを得ないこともある。離婚の方法には，協議離婚，調停離婚，審判離婚，裁判離婚の

4つがある。離婚のおよそ9割を占めている協議離婚は，夫婦で話し合って決めるので，離婚届を提出すれば離婚成立となる。しかしそれ以外に関しては，裁判所が関係してくる。夫婦間の話し合いがうまくいかなかった場合に，裁判所の調停委員を交えた話し合いとなる。ここでは親権の問題，慰謝料，養育費等についても話し合うことができる。審判離婚や裁判離婚の割合は極めて低いが，調停が成立しなかった場合に，審判に移行するのが審判離婚，調停が成立しなかった場合に，家庭裁判所に離婚訴訟を起こし，判決によって離婚するのが裁判離婚である。このような法定離婚の場合，法定離婚原因が必要となってくる。民法では5つの法定離婚原因を定めている。それらは，①相手に不貞行為があった場合，②相手から悪意で遺棄された場合，③相手の生死が3年以上不明である場合，④相手が強度の精神病にかかり，回復の見込みのない場合，⑤婚姻の継続が困難な重大な事由がある場合，である。

　離婚のときに問題となる経済問題が，慰謝料，財産分与，養育費等である。慰謝料とは，精神的・肉体的苦痛の損害の賠償のことであるので，離婚に至った責任がある方が相手に支払うものである。ただし両者に責任がある場合や，一方に責任があるような原因が見当たらない場合もあるので，必ずしも常に慰謝料が支払われるとは限らず，慰謝料の金額も様々である。慰謝料の消滅時効は3年である（民法724条）。一方，離婚の財産分与の消滅時効は2年（民法768条2項）である。財産分与は慰謝料とは異なり，責任がどちらにあっても責任問題は関係なく，婚姻期間中に夫婦の協力によって得た共有財産を分配するものである。この場合，名義が一方のものになっていても，財産分与の対象になる。しかし単に分けるという以上に，配偶者の扶養の意味も含まれている。また，配偶者の一方が結婚の際に実家からもらった財産，結婚前に蓄えた財産，婚姻中に相続によって得た相続財産は財産分与の対象には

ならない。これらの金額にも一定の決まりはない。

　財産分与の方法について，協議離婚の統計はないが，家庭裁判所の調停離婚と審判離婚の場合，財産分与の取り決めをしたのは全体の約29％である（司法統計：2022）。夫婦が共同で作り上げた財産（貯蓄・有価証券，家，車など）を分けるのであるが，清算的財産分与，扶養的財産分与，慰謝料的財産分与の3種類がある。なお住宅ローンが残っている場合，売却額でローンが完済できない場合は負の財産となり，分与の対象にはならない。慰謝料については，結婚年数，離婚に至った責任の重さ，支払い能力等が考慮されて決定されるが，一般の場合，メディアで報道されている芸能人のように高額にはならない。子どもがいる場合は，以下で示す養育費の支払いが必要となってくる。

（2）養育費

　離婚したからといって子どもの扶養義務はなくならない。養育費は離婚したことによって，子どもが権利として受けるべきものであり，子どもを引き取っていない親が扶養義務として負担するものである。金額や支払い方法は当事者の話し合い，あるいは家庭裁判所での調停となる。養育費は親と同程度の生活を保証する義務があるため，養育費の金額はそれぞれ異なる。養育費の金額を決めるには，裁判所が算定した簡易な算定表が一般的には用いられている。

　ただし，必ずしも養育費が支払われるとは限らない。「令和3年度全国ひとり親世帯等調査（旧「全国母子世帯等調査」）」（2023年）によると，養育費の取り決めをしている母子世帯は46.7％にすぎないが前回の調査（平成28年）よりは若干増えている。父子世帯の場合は28.3％と少ない。取り決めをしている場合，母子世帯の場合，文書で取り決めているのが76.6％であるが，23.1％は文書での取り決めはしていない。

父子世帯の場合，取り決めをしているのが28.3%，そのうち67.2%は文書で取り決めているが，69%は取り決めもしていない。なるべく口頭ではなく，公正証書にしておくと，養育費が支払われなくなると強制執行の申し立てができ，相手の給料や資産を差し押さえ，その中から決められた金額を受け取ることができる。母子世帯で養育費を現在も受けている世帯は28.1%，父子世帯は8.7%である。母子世帯の約1/3しか受け取っていないことがわかる。国は受領率を2031年に全体の40%，取り決めがある場合は70%に引き上げる目標を立てている。

　取り決めをしていない最大の理由は母子世帯では，「相手と関わりたくない」，次いで「相手に支払う意思がないと思った」。父子世帯では「自分の収入等で経済的に問題ないから」，次いで「相手と関わりたくないから」であった。受けたことがある人，あるいは受けている人の養育費は母子世帯で平均月50,485円（前回の調査より約7千円増），父子世帯で26,992円である。支払いは原則20歳までであるが，高校卒業後に就職したり，大学進学する場合は支払い期間が変わってくる。

　まずは離婚の際に養育費を取り決めることが重要である。裁判所が示す目安となる養育費算定表（表10-1）があるので，それをもとに塾や

表10-1　裁判所が示す養育費の目安（例）

		受け取る側の年収				
		0万円	100万円	200万円	300万円	400万円
払う側の年収	400万円	4～6万円			2～4万円	
	600万円	6～8万円			4～6万円	
	800万円	10～12万円	8～10万円		6～8万円	
	1000万円	12～14万円	10～12万円		8～10万円	
	1200万円	14～16万円	12～14万円			10～12万円

（出典）日本経済新聞，2024.2.25
（注）月額。夫婦ともに給与所得者で子は15歳未満が1人。

私立学校の場合を想定して協議しておくことが望ましい。協議がまとまらない場合は，裁判所での調停，弁護士に交渉依頼，裁判外紛争解決手続き（ADR）がある。

　離婚後の親権についても，これまでは単独親権であったが，夫婦両方の共同親権の選択肢も選べるように改正された。また，事前に取り決めをしないで離婚した場合でも，一定額を請求できる「法定養育費」の制度もある。さらに100以上の自治体で独自に養育費の支払い保証を採用しており，当事者同士がやり取りせずにすむようになっている。今後も様々な支援策が出てくると考えられるので情報をしっかり収集しておきたい。

（3）年金問題

　離婚時に厚生（・共済）年金を夫婦で分けられる「年金分割制度」が平成19（2007）年4月から開始され，制度が開始されるまで離婚を控える現象まで生じた。離婚の時期も経済効果を考える時代となったようである。これは，離婚後の夫婦の年金受給額に大きな差があるという指摘によって始まった制度である。女性は結婚前に働いている場合，厚生年金に加入しているが，結婚退職時に脱退一時金を受け取ることによって年金権がなくなっていたり，男性より賃金が低い場合が多いので年金が低額である。また，これまで専業主婦は離婚すると厚生年金がないので，離婚した女性の生計が成り立ちづらくなるというのが，この制度ができた理由である。

　離婚時の厚生年金の分割制度について見てみよう。「年金分割」制度とは，厚生年金の標準報酬を当事者間で分割することができる制度である。これには，「合意分割制度」，「3号分割制度」（離婚時の第3号被保険者（サラリーマンやOLの被扶養配偶者）期間についての厚生年金の

分割制度）がある。「合意分割制度」とは，離婚した場合や事実婚関係を解消した場合，当事者の合意や裁判手続きにより年金分割の割合を定め，請求期限（原則，離婚等をした日の翌日から起算して2年以内）を経過していないことを条件に，厚生年金の「標準報酬」を当事者間で分割することができるものである。「3号分割制度」は，婚姻期間中に平成20年4月1日以後の国民年金の第3号被保険者期間がある，請求期限（2年以内）を経過していない場合，相手の厚生年金の標準報酬を2分の1ずつ，当事者間で分割することができる。分割の割合について，夫婦間の話し合いがうまくいかない場合は，家庭裁判所で調停や審判で割合を決定することになる。

　ここで注意したいのは，分割できる年金の対象は，結婚期間に納めていた厚生年金のみであって，基礎年金や企業年金（企業独自の上乗せ分）は対象外である点である。基礎年金は各自もらえる。ただし，当然のことながら，年金分割分は，配偶者が年金の受給条件を満たすまでは支給されない。また，妻も受給条件を満たしていなければならない。例えば，60歳前ならもらえないが，逆に妻が年上の場合，妻が先にもらうこともできる。分割後に配偶者が死亡しても，年金には影響はでない。また，注意が必要なのは，離婚すれば元夫が先立った場合，当然のことながら遺族年金はもらえない点である。

　専業主婦が離婚した場合，厚生年金が分割されれば，年金額は増えるが，年金から医療保険料，介護保険料等の社会保険料や税金が天引きされることを考えると，離婚は経済面だけではないが，よく事前に考える必要がある。我慢して老後の経済の安定をとるか，お金はなくとも精神的自由をとるか。できれば離婚しても経済的に困らないような準備をしておきたい。ただし奈良時代は，平均寿命が男性32.5歳，女性27.7歳で，女性は出産で亡くなることが多く，夫婦揃って熟年を迎えられるの

は幸運であった（磯田，2007）ことを考えると，お金のことばかりでなく，結婚時のこと，そして幸せとは何かをもう一度振り返ってみたい。

2. ひとり親世帯の実情

（1）母子世帯と父子世帯

　離婚や死別によって，満20歳（18歳）未満の子どもで未婚の者と暮らす場合，ひとり親世帯（母子世帯，父子世帯）となる。母子のみにより構成される母子世帯数は約119.5万世帯（「国勢調査」（2020年））であるが，父子世帯は14.9万世帯と少ない。厚生労働省が5年に1回「全国ひとり親世帯等調査」を実施している。令和3（2021）年度の調査では，母子世帯4,105世帯，父子世帯1,329世帯を対象に集計を行っている。これによると，母子世帯になる理由は，1952年は8割以上が「死別」であったが，令和3（2021）年には5.3％まで減少し，約9割が「生別」である。「生別」のうち，85％を離婚が占める。未婚は11.5％である。一方，父子世帯では「死別」が21.3％，離婚が77.2％である。母子世帯では「死別」の場合，住居の所有率が高く（69.6％），遺族年金が入ることも多いので経済的に「生別」よりも恵まれている人が多い。「生別」で持ち家の割合は32.6％である。一方，父子世帯では66％が持ち家であり，死別が71.9％，生別が64.9％と大きな差は見られない。

　母子世帯と父子世帯の家計を比べてみると，父子世帯の方が収入が高いのが特徴である。「全国ひとり親世帯等調査」で見ると，母子世帯の場合，86.3％が就業しており，少しであるが「生別」の方が高い。生別の正規の職員・従業員者は49.8％，派遣やパートが41.5％，就業していない人も8.9％存在する。「死別」もほぼ同じ傾向を示しているが，正規の職員・従業員者が「生別」より少なく，派遣やパートが54.9％，不就業が11.9％と「生別」より少し多い。一方，父子世帯は

第 10 章　離婚の経済とひとり親世帯の家計 | **159**

88.1％が就業しており，7 割が正規の職員・従業員者である。

　年間平均収入は，母子世帯が 373 万円であるのに対して，父子世帯は 606 万円と 1.6 倍の差がある。また母子世帯の預貯金額は 50 万円未満が 39.8％を占め最も多いことからも，父子世帯の方が経済的に安定していることが伺える。

（2）母子世帯の家計

　母子世帯の家計は，5 年に 1 度の「全国家計構造調査」（旧「全国消費実態調査」総務省統計局）と，毎月の「家計調査」で調査している。家計調査は毎年新しいデータが得られるが，世帯主の就業形態別などの詳細なデータはない。一方，「全国家計構造調査」は，5 年に 1 度なので最新のデータではないが，就業形態別など詳細なデータから明らかにすることができる。

　まず「家計調査」（2023）から全体像を見ておこう。成年年齢が 18 歳に引き下げられたことで，これまでは「母親と 20 歳未満の子どものみの世帯」となっていたが，「母親と 18 歳未満の子どものみの世帯」という項目も加わっている。ここではこれまで通り，20 歳未満の子どものデータで確認しておこう。勤労者世帯と一般に分類されているが，収入がわかるのは勤労者世帯なので，ここでは母子世帯で勤労者世帯を見ることとする。実収入は約 31 万円，可処分所得は 27 万円であるが，預貯金引出が約 24 万円ある。消費支出は 23 万円，食費の割合（エンゲル係数）は約 24％と若干高い。教育費関係費 12.7％，黒字率 13.8％，平均貯蓄率は 12.2％と余裕がある。

　一方，「全国家計構造調査」では，母子世帯とは，「母親と 18 歳未満の未婚の子どもからなる世帯」と定義している。図 10-2 から勤労者世帯のデータを見ると，1 ヵ月の平均実収入は約 26 万円，可処分所得は

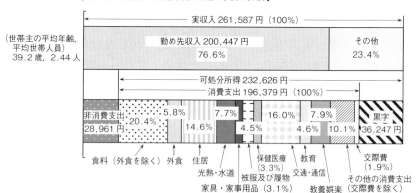

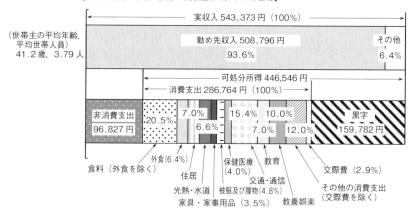

図 10-2　母子世帯と夫婦と未婚の子供がいる世帯の家計
　　　　（出典）総務省統計局,「全国家計実態調査」2021 年

約 23 万円，消費支出が 19 万円と黒字家計である。2 人以上の世帯のうち勤労者世帯の家計と比べると実収入は約半分，消費支出は約 7 割である。母子世帯の実収入の内訳は，76.6％が世帯主の勤め先収入で，標準

世帯2人以上の世帯のうち勤労者世帯より勤め先収入の割合が少ない。母子世帯は，2人以上の世帯のうち勤労者世帯に比べて，住居，光熱・水道への支出割合が高い。特に住居費の割合が高いが，これは母子世帯の持ち家率が低いことと関係している。

　母親の就業形態別の収入と支出を示したのが表10-2である。勤労者には，労務作業者と職員があり，働き方によって正規の職員・従業者，パート・アルバイト，派遣，その他，無業者に分類されている。これを見ると，母子世帯の勤労者で労務作業者で正規の職員・従業員の実収入は約20万円あり，消費支出も約18万円と収入内におさまっている（平均消費性向は98.4）。貯蓄現在高が236万円あるが，負債も137万円あり，そのうち100万円は住宅ローンである。この家計に関しては，ギリギリ黒字を保っており，健全な家計といえる。職員で正規の職員・従業者の場合は，実収入が約28万円，消費支出が約22万円，平均消費性向は91.6と最も余裕がある。貯蓄も約400万円あるが，310万円は負債である。母子世帯で最も経済的に厳しいのは無業者であるが，労務作業者・職員のパート・アルバイト・派遣の家計は平均消費性向が100以上の赤字家計となっている。

　母子世帯の家計は，低所得者層の家計と同じ傾向があるが，保健医療のウェイトが低く，被服および履物と教育にかけるウェイトが一般世帯よりも高いという特徴があるといわれている（馬場：1997）。収入が低いので，割合が高くなるのは当然であるが，低所得者層でありながら，一般の低所得者層とは異なった傾向を示し，母親の心理を示す特徴の1つといえよう。保健医療費に関しては，所得制限はあるが医療費助成を受けることができるので，自治体で確認が必要である。

表 10-2　ひとり親世帯の就業別 1 ヵ月の家計

項目	二人以上の世帯	勤労者	労務作業者	正規の職員・従業員	パート・アルバイト	正規の職員・従業員（職員）	パート・アルバイト（職員）	労働者派遣事業所の派遣社員	勤労者以外	うち無業者
世帯人員（人）	2.62	2.60	2.63	2.75	2.61	2.57	2.57	2.45	2.76	2.65
有業人員（人）	0.91	1.03	1.06	1.10	1.05	1.00	1.00	1.00	0.28	
世帯主の年齢（歳）	40.4	40.1	40.2	40.1	40.1	39.6	40.1	43.0	41.8	41.5
世帯主の性別（男）（％）	29.4	29.6	23.7	21.0	25.9	41.5	34.9	20.2	28.1	25.4
持ち家率（住居）（％）	68.9	70.5	78.2	76.6	77.9	59.6	63.6	73.5	59.9	62.7
家賃・地代を支払っている世帯の割合（％）	2.866	2.960	2.845	2.851	2.294	3.494	3.409	2.324	2.349	1.952
実収入			178.734	209.724	166.515	283.589	248.090	207.225	196.028	
経常収入			172.789	204.349	160.809	278.317	248.394	202.502		
勤め先収入				16.051	26.294	19.254	22.623	11.407		94.064
社会保障給付		3.900	3.829	1.014	4.529	3.267	5.558	5.534		93.218
仕送り金										760
実収入以外の受取（繰入金を除く）		201.934	159.696	176.205	153.468	247.926	239.466	295.943		180.854
預貯金引出		177.733	143.372	162.124	135.717	219.473	208.266	216.920		169.903
可処分所得		189.520	162.156	186.504	152.827	239.208	213.835	181.311		97.619
実支出		216.402	184.682	206.650	177.500	263.512	214.586	301.395		194.861
消費支出	191.321	190.464	168.104	183.431	163.812	219.131	210.331	275.481	196.028	189.099
食料	47.059	46.619	43.081	43.765	43.734	52.896	49.762	49.250	49.478	47.771
外食	9.596	9.706	8.298	8.552	8.446	12.492	10.957	9.723	8.989	8.314
住居	27.635	27.441	26.463	31.339	24.000	28.075	28.309	102.066	28.703	29.445
家賃地代	26.549	26.435	26.053	30.354	23.756	27.337	26.775	36.138	27.175	27.933
光熱・水道	26.519	26.400	25.978	30.354	23.640	27.337	26.775	36.138	27.175	27.933
家具・家事用品	15.327	14.950	15.019	14.873	15.258	14.996	14.889	16.586	17.391	16.834
被服及び履物	5.745	5.639	5.323	4.737	5.744	6.679	5.920	5.259	6.323	6.355
保健医療	8.193	7.956	6.902	7.494	6.882	9.455	8.893	11.557	9.489	8.622
交通・通信	4.847	4.855	4.063	6.402	3.171	5.522	5.558	1.968	4.806	3.469
教育	29.853	29.264	26.917	29.219	26.227	30.353	31.350	36.367	33.081	33.504
教養娯楽	13.578	13.893	11.584	14.380	10.558	17.561	17.561	11.852	11.852	13.205
その他の消費支出	15.622	15.574	11.910	14.080	11.297	20.109	18.830	15.665	15.881	15.590
非消費支出	23.463	24.273	16.843	17.141	16.941	33.277	30.875	31.136	26.564	14.305
実支出以外の支払（繰越金を除く）		25.938	16.578	23.220	13.688	44.381	34.255	31.136	19.023	5.762
実支出以外の支払	199.129	199.129	152.471	184.422	139.062	264.557	240.589	200.784	200.784	82.002
平均消費性向（％）		100.5	103.7	98.4	107.2	91.6	98.4	116.8	151.9	193.7
金融資産純増		−5.8	−7.8	−1.8	−11.3	−4.4	0.3	−18.3	−21.9	−103.5
エンゲル係数（％）	24.6	24.5	25.6	23.9	26.7	23.7	24.1	22.7	17.9	25.3
貯蓄現在高（千円）	3.238	3.126	2.079	2.361	1.997	4.068	4.045	4.742	1.627	2.485
負債現在高（千円）	1.351	1.532	813	1.377	511	2.179	3.143	350	484	186
うち住宅・土地のための負債（千円）	1.092	1.254	578	1.039	328	1.861	2.798	115	353	99
負債保有率（％）	38.2	40.0	35.4	47.7	32.1	44.1	46.8	30.2	46.3	30.9

（注）派遣、その他は省略している。

（出典）総務省統計局，「全国家計実態調査」2021 年より作成

（3）ひとり親世帯の支援

　ひとり親世帯で「死別」の場合，独立前の子どもがいる場合，とりあえずの生活をするのに必要となる生活費が遺族年金（「遺族基礎年金」，「遺族厚生年金」）として支払われる。国民年金のみの場合は，「遺族基礎年金」のみが，子のある配偶者と子に対して支払われる。子とは，18歳到達年度の末日を経過していない子か，20歳未満で障害等級1級または2級の障害者を指す（婚姻していないこと）。受け取れるのは，死亡した者の保険料納付期間が加入期間の3分の2以上あることが条件となる。「遺族基礎年金」は79万5,000円（昭和31年4月2日以後の生まれ），子どもが第1子，第2子については，1人につき22万8,700円が加算され，第3子以降はそれぞれ76,200円が加算される。

　夫が老齢基礎年金や障害基礎年金を受け取る前に死亡した場合，夫が受け取るはずだった年金の一部として妻が受け取れるのが「寡婦年金」である。夫が第一号被保険者として10年以上保険料を納めており，婚姻期間が10年以上あること（事実婚含む），死亡後5年以内に請求手続きをすることが受給要件となる。妻の年齢は65歳未満であることも条件となっている。受給できるのは60歳から65歳までの5年間である。受給額は，夫が生きていれば受け取れた額の4分の3である。死亡一時金（最大32万円）というものもあるが，これはどちらかしか受け取れない。老齢基礎年金を65歳前に繰り上げ受給した場合，寡婦年金と同時受給はできない。

　厚生年金に加入している場合は，「遺族厚生年金」が，子のある配偶者，子（18歳の年度末までの子，または20歳未満で1級または2級の障害者），子のない配偶者（30歳未満の妻は5年間のみ，夫は55歳以上で受給開始は60歳から），父母・祖父母（55歳以上で受給開始は60歳から），孫（18歳の年度末までの子，または20歳未満で1級または2

級の障害者に対して上乗せされる。

　さらに，40歳から65歳未満の間は，「中高齢寡婦加算」（年額約59万300円）が「遺族厚生年金」に加算される。しかし，これには条件があり，夫の死亡時に40歳以上65歳未満で，生計を同じくしている子がいないこと，また遺族厚生年金と遺族基礎年金を受けていた子のある妻（40歳に到達した当時，子がいるため遺族基礎年金を受けている）が，子が18歳到達年度末日に達した等で遺族基礎年金を受給できなくなったときである。子がいない30歳未満の妻の場合は，「遺族厚生年金」は5年で打ち切られる。夫が死亡した前年の妻の年収が850万円（所得655.5万円）以上（5年以上続くと予測される）の場合や，夫の保険料の未納期間が加入期間の3分の1以上ある場合は「遺族厚生年金」は受けられない。その後850万円未満となっても支給されない。反対に一度受給が認められ，その後，年収が850万円を超えても遺族年金は支給される。また「経過的寡婦加算」という制度もある。

　「遺族厚生年金」と「老齢厚生年金」等の受給権がある65歳以上の場合，本人の「老齢厚生年金」は全額もらえるが，「遺族厚生年金」に関しては，本人の老齢厚生年金等に相当する額が支給停止となり，その差額のみが支給される。

　また児童扶養手当が支給される。これは，父母の離婚などで，父または母と生計を同じくしていない子どもが育成される家庭（ひとり親家庭）の生活の安定と自立の促進に寄与し，子どもの福祉の増進を図ることを目的として支給される手当である。これまで父子世帯は対象外であったが，2010年から父子家庭も支給対象となった。世帯年収が160万円以上の場合は，年収の増加に合わせて段階的に減額し，365万円以上は支給対象から外す仕組みとなる。手当の月額は子どもの数や所得によって決まるが，児童1人の場合，全部支給で45,500円（2024年），

一部支給で 45,490 〜 10,740 円である。2 人以上の加算額は 2 人目が 10,750 円（全部支給），3 人目以降 6,450 円となる。令和 7（2025）年 1 月支給から満額受けられる年収の上限は 190 万円未満，所得に応じて減額しての支給の上限は 385 万円未満と変更になる。

　他の支援策として生活保護がある。生活保護世帯数は約 164 万世帯であるが（2023 年），母子世帯で生活保護を受けている世帯は，67,718 世帯で生活保護世帯の中の 4.1% を占める。保護費は，収入と最低生活費を比較して，収入が最低生活費に満たない場合に，最低生活費から収入を差し引いた差額が保護費として支給される。地域や世帯の構成等によって異なる。第 1 類（個人的経費で食費・被服費）と第 2 類（生体共通経費で光熱水道費）の生活扶助基準を加え，これに逓減率を掛け合わせ，子どもの数や障害の有無などを加算して求める。

　さらに母子家庭等就業・自立支援センター事業が行われている。児童扶養手当を受給しているか同等の所得水準にある母子家庭の母に対して，就労支援のための給付金を支給している。これには①自立支援教育訓練給付金事業，②高等技能訓練促進事業（訓練促進費と入学支援修了一時金）がある。詳細については，それぞれの自治体の窓口で確認が必要である。

参考文献

最高裁判所事務総局編，2023，司法統計，http://www.courts.go.jp（参照日 2024 年
　7 月 10 日）
厚生労働省　雇用均等・児童家庭局，2021，『令和 3 年度　全国母子世帯等調査』
磯田道史，2007，「昔も今も　離婚⑤」『朝日新聞』4 月 8 日朝刊
総務省統計局，『国勢調査　2020 年度』
厚生労働省，2023，『国民生活基礎調査』
総務省統計局，2023，『家計調査年報　令和 5 年　家計収支編』
「2019 年全国家計構造調査」
　https://www.stat.go.jp/data/zenkokukakei/2019/pdf/gaiyou0305.pdf
　（参照日 2024 年 7 月 10 日）
馬場康彦，1997，母子世帯の消費構造の特質，1997，季刊家計経済研究所 33 巻，1
　月号
厚生労働省「2022 年国民生活基礎調査の概況」
　https://www.mhlw.go.jp/toukei/saikin/hw/k-tyosa/k-tyosa22/dl/14.pdf
　（参照日 2024 年 7 月 10 日）
厚生労働省「令和 4 年度離婚に関する統計」の概況
　https://www.mhlw.go.jp/toukei/saikin/hw/jinkou/tokusyu/rikon22/dl/gaikyo.
　pdf（参照日 2024 年 7 月 10 日）
日本経済新聞，2024.2.25 朝刊

学習課題

1．父子世帯のデータについて調べてみよう。
2．母子世帯と父子世帯の家計について比較してみよう。

11 | 高齢者世帯の家計と生活

《目標＆ポイント》「超高齢社会」となった現在，高齢者の家計はどのようなものなのかを，勤労者世帯と無職世帯，また単身者世帯と夫婦世帯で比較する。また安定した高齢期を迎えるためには，どれほどの貯蓄が必要なのか，また高齢者の貯蓄と負債の現実を理解する。
《キーワード》 超高齢社会，無職世帯，高齢単身者世帯，高齢単身無職世帯，高齢夫婦無職世帯，貯蓄と負債

1.「超高齢社会」の現実

　平均寿命は大正期には男女とも 61 歳であったのが，令和 4（2022）年になると男性 81.05 歳，女性 87.09 歳まで伸びてきている。ただし 2 年連続前年度を下回っており，男女差も縮小している。これは新型コロナウィルス感染症で高齢者の死亡数が多かったからといわれている。2022 年度の総人口に占める 65 歳以上の人口（高齢化率）は 29.0％であるが，65 〜 74 歳人口の総人口に占める割合は 13.5％，75 歳以上の割合は 15.5％と，65 〜 74 歳人口より多い。2070 年には 2.6 人に 1 人が 65 歳以上，4 人に 1 人が 75 歳以上の社会が予測されている。

　このような現象は，少子化による人口減少が要因の 1 つである。女性が生涯に産む子どもの数を「合計特殊出生率」と呼んでいるが，令和 5（2023）年の出生数は前年より 4 万人少なく，5.8％減で合計特殊出生率は 1.20 となり，過去最低であった 2022 年の 1.26 を下回る。現在の日本の社会は，15 歳未満人口の割合が世界で最も低く，65 歳以上人口の

割合は世界で最も高い水準となっている。出生率の低下により，相対的に高齢化率が上がり，15歳以下の人口よりも65歳以上の人口が多くなる社会である。よく使われる言葉であるが，「高齢化社会」といえば，高齢化率（総人口に占める65歳以上の人口）が7〜14％未満の間にある社会を指すが，「高齢社会」となると，高齢化率が14％を超えた社会を指す。21％以上を「超高齢社会」と呼んでいるので，29.0％の日本は「超超高齢社会」である（図11-1参照）。

国勢調査（2020年）では，65歳以上の世帯員のいる世帯数は2,265万5千世帯で，一般世帯の40.7％を占めており増加傾向にある。「夫婦

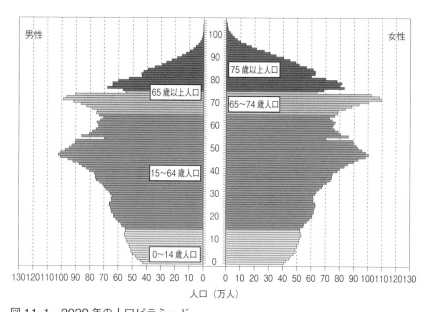

図11-1　2020年の人口ピラミッド
　　　（出典）総務省統計局，2021
　　　https://www.stat.go.jp/data/kokusei/2020/kekka/pdf/outline_01.pdf（参照日2024年7月10日）

のみの世帯」は，684万8千世帯で，65歳以上の世帯員のいる世帯の30.2%を占めている。また，「単独世帯」は671万7千世帯で，65歳以上人口の約5人に1人が一人暮らしをしている。このうち，男性は約230万8千人，女性が440万9千人と女性の方が約2倍多い。65歳以上の男性の7人に1人，女性の5人に1人が一人暮らしである。また老人ホーム等に入居する人は179万8千人，病院や療養所の入院者は40万2千人である。

2. 高齢者世帯の家計

（1）家計の特徴

　「家計調査」では，「高齢者のいる世帯」といえば，60歳以上の者がいる世帯で，「高齢者世帯」といえば，65歳以上の単身世帯または男65歳以上，女60歳以上からなる世帯で，少なくとも1人は65歳以上の者がいる世帯を指す。「家計調査」で見ると，世帯主が65歳以上の世帯の2人以上の世帯と単身世帯を合わせた総世帯に占める割合は44.7%である。世帯主が60歳以上の世帯は，勤労者世帯と無職世帯に分けられる。65歳以上の世帯のうち，約8割は無職世帯である。また無職世帯も単身世帯と夫婦世帯（夫が65歳以上，妻が60歳以上）に分けられる。世帯主が60歳以上の2人以上の世帯のうちの勤労者世帯の割合は22.7%であるが，無職世帯の割合は上昇している。

　世帯主が65歳以上の勤労者世帯では，黒字は平均10万円あり26.4%の黒字率を示し家計に余裕があるが，無職世帯の家計はかなり苦しくなる。図11-2と表11-1は単身無職世帯と夫婦のみの無職世帯の収入と支出を示している。単身無職世帯と夫婦無職世帯の1ヵ月の平均収入と消費支出（生活費）の内訳を見ると，収入のうち社会保障給付に関して単身世帯は約12万円，夫婦世帯は約22万円である。一方，消費支

(1) 65歳以上の夫婦のみの無職世帯（夫婦高齢者無職世帯）の家計収支 －2022年－

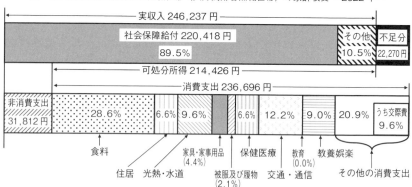

(2) 65歳以上の単身無職世帯（高齢単身無職世帯）の家計収支 －2022年－

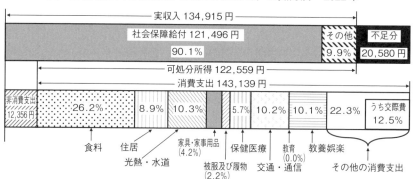

(注) 1 図中の「社会保障給付」及び「その他」の割合（％）は，実収入に占める割合である。
2 図中の「食料」から「その他の消費支出」までの割合（％）は，消費支出に占める割合である。
3 図中の「消費支出」のうち，他の世帯への贈答品やサービスの支出は，「その他の消費支出」の「うち交際費」に含まれている。
4 図中の「不足分」とは，「実収入」と，「消費支出」及び「非消費支出」の計との差額である。

図11-2 単身無職世帯と夫婦世帯の収入と支出
（出典）総務省統計局，2023

第 11 章　高齢者世帯の家計と生活　**171**

表 11-1　高齢単身無職世帯と高齢夫婦無職世帯の家計

項　　目	65 歳以上の夫婦のみの無職世帯（夫婦高齢者無職世帯）		65 歳以上の単身無職世帯（高齢単身無職世帯）	
	月平均額（円）	構成比（%）	月平均額（円）	構成比（%）
世　帯　人　員（人）	2.00	－	1.00	－
有　業　人　員（人）	0.09	－	－	－
世　帯　主　の　年　齢（歳）	76.9	－	77.2	－
世帯主が 65 歳以上の世帯（総世帯）に占める割合（%）	26.7	－	31.0	－
実　　収　　入	246,237	100.0	134,915	100.0
勤　め　先　収　入	5,388	2.2	－	－
世帯主の配偶者の収入	5,388	2.2	－	－
事　業・内　職　収　入	4,355	1.8	1,707	1.3
他　の　経　常　収　入	227,647	92.5	126,036	93.4
社　会　保　障　給　付	220,418	89.5	121,496	90.1
仕　　送　　り　　金	650	0.3	769	0.6
可　処　分　所　得	214,426	－	122,559	－
消　　費　　支　　出	236,696	100.0	143,139	100.0
食　　　　料	67,776	28.6	37,485	26.2
住　　　　居	15,578	6.6	12,746	8.9
光　熱・水　道	22,611	9.6	14,704	10.3
家　具・家　事　用　品	10,371	4.4	5,956	4.2
被　服　及　び　履　物	5,003	2.1	3,150	2.2
保　健　医　療	15,681	6.6	8,128	5.7
交　通・通　信	28,878	12.2	14,625	10.2
教　　　育	3	0.0	0	0.0
教　養　娯　楽	21,365	9.0	14,473	10.1
そ　の　他　の　消　費　支　出	49,430	20.9	31,872	22.3
諸　　雑　　費	19,818	8.4	13,595	9.5
交　　際　　費	22,711	9.6	17,893	12.5
仕　送　り　金	1,334	0.6	341	0.2
非　消　費　支　出	31,812	－	12,356	－
直　　接　　税	12,854	－	6,660	－
社　会　保　険　料	18,945	－	5,625	－
黒字［可処分所得−消費支出］	− 22,270	－	− 20,580	－
金　融　資　産　純　増	5,830	－	315	－
平　均　消　費　性　向（%）	110.4	－	116.8	－

(注)「消費支出」のうち、他の世帯への贈答品やサービスの支出は、「その他の消費支出」の「交際費」に含まれている。

(出典) 総務省統計局, 2023

出は単身世帯は約 14 万円，夫婦世帯は約 24 万円と，社会保障給付だけでは両世帯とも足りない現状が見える。

　無職世帯は 9 割を社会保障給付に依存しているが，それでも足りず，毎月赤字家計となっていることがわかる。つまり高齢者世帯の場合は，借金というよりも貯蓄を取り崩していると予想できる。単身世帯の実収入は 134,915 円，可処分所得は 122,559 円，消費支出は 143,139 円，平均消費性向は 116.8％で赤字家計である。夫婦世帯は，実収入は 246,237 円，可処分所得は 214,426 円となった。消費支出は 236,696 円，平均消費性向は 110.4％となったので，約 22,000 円の赤字である。両世帯とも，年間約 24 万～ 27 万円の貯蓄の取り崩しを意味している。両世帯とも食費の割合（エンゲル係数）が最も高く，夫婦世帯では 3 割近くを占めている。また交際費が両世帯とも約 1 割を占めているのも高齢者世帯の家計の特徴である。

（2）老後に必要なお金

　高齢者世帯といっても，働いているか働いていないか，単身者か夫婦かによって，家計は異なることが明らかとなった。そうなると，老後のための貯蓄方法も異なってくる。ここでは 65 歳を定年とした場合の老後に必要となる金額を見ておこう。

　65 歳～ 87 歳の夫婦世帯の支出の合計の目安は 5,587 万円という計算がある（生命保険文化センター 2023）。これは 65 ～ 79 歳の 15 年間の夫婦無職世帯の支出 4,315 万円と，80 ～ 87 歳までの 8 年間の単身世帯の支出 1,272 万円の合計である（65 歳以降は同い年の夫婦が，平均寿命である夫 80 歳，妻 87 歳まで生存する試算）。ただ平均寿命と健康寿命には男性で約 9 年，女性で約 12 年の差があるといわれている。介護の期間は平均 5 年 1 ヵ月，月々の費用は平均約 8.3 万円かかるので，

500万円ほどの費用は準備しておく必要がある。

　高齢期の収入源は多くの人が年金となるが，国民年金だけでは老後の生活費を賄うことはできないので，老後のための貯蓄が必要となる。もちろん平均2,000万円の退職金（令和5年版厚生労働省就労条件総合調査）がある人もいるが，勤務先や勤続年数，景気によって変わってくる。バブル経済が崩壊したときは，残業代，給料に続いて退職金が削られたので，退職金をあてにできるかどうかはわからない。また退職金を住宅ローンの返済等に使ってしまうと，老後の生活が苦しくなる。これからは，なるべく長く現金収入が得られる職に就いて働くか，貯蓄を十分にしておく必要があるが，高齢になると健康状態が不安定になることと，貯金もインフレになると価値が下がってしまう。近年は自助努力として「貯蓄から投資へ」といわれているが，その前に社会保障制度の見直しが早急に必要なことはいうまでもない。

（3）高齢者の貯蓄と負債

　「7章　ライフサイクルと貯蓄・負債」で見てきたように，高齢者の貯蓄額は比較的高い。ここでは，世帯主が65歳以上の世帯の貯蓄と負債の現在高について見てみよう。図11-3は2人以上の世帯の場合であるが，平均値は2,414万円である。総世帯の平均値が1,901万円であることから，高齢者世帯の貯蓄額が高いことがわかる。300万円未満は14.4％，300万円以上2,500万円未満に51.4％が分布しており，2,500万円以上に34.2％が該当する。世帯主が65歳未満の世帯とこの層が18.5％なので，高齢者世帯の貯蓄額が多いことがわかる。

　図11-4は勤労者世帯の世帯主の年齢階級別の貯蓄と負債の現在高を示したものである。これより，60歳代は貯蓄が2,458万円，70歳以上は2,411万円と他の年齢階級に比べて多く，また負債額は207万円，90

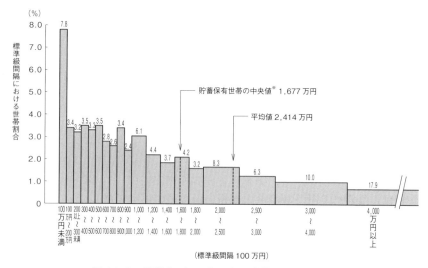

図 11-3　世帯主が 65 歳以上の世帯の貯蓄現在高
（出典）総務省統計局，2023

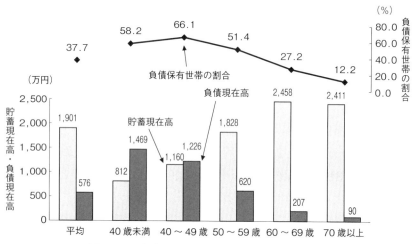

図 11-4　世帯主の年齢階級別貯蓄と負債現在高
（出典）総務省統計局，2023

第 11 章　高齢者世帯の家計と生活 | **175**

表 11-2　高齢者の貯蓄内訳

年次	貯蓄現在高	金融機関	通貨性預貯金	定期性預貯金	生命保険など	有価証券	金融機関外
金額（万円）							
2017 年	2,337	2,330	491	1,059	394	386	7
2018	2,233	2,224	505	971	371	376	10
2019	2,218	2,210	543	941	369	357	8
2020	2,292	2,284	618	920	397	348	9
2021	2,342	2,338	623	924	403	388	4
2022	2,359	2,354	699	865	390	400	5
構成比（％）							
2017 年	100.0	99.7	21.0	45.3	16.9	16.5	0.3
2018	100.0	99.6	22.6	43.5	16.6	16.8	0.4
2019	100.0	99.6	24.5	42.4	16.6	16.1	0.4
2020	100.0	99.7	27.0	40.1	17.3	15.2	0.4
2021	100.0	99.8	26.6	39.5	17.2	16.6	0.2
2022	100.0	99.8	29.6	36.7	16.5	17.0	0.2
対前年増減率（％）							
2018 年	− 4.5	− 4.5	2.9	− 8.3	− 5.8	− 2.6	42.9
2019	− 0.7	− 0.6	7.5	− 3.1	− 0.5	− 5.1	− 20.0
2020	3.3	3.3	13.8	− 2.2	7.6	− 2.5	12.5
2021	2.2	2.4	0.8	0.4	1.5	11.5	− 55.6
2022	0.7	0.7	12.2	− 6.4	− 3.2	3.1	25.0

（出典）総務省統計局，2023

万円と少ない。負債の内訳は，60 歳以上で 161 万円が住宅・土地のための負債で，70 歳以上では 75 万円が該当する。ただしこの年代で負債が多いのは家計的にリスクが大きいので増えないようにする必要がある。表 11-2 は貯蓄の内訳を示したものである。日本人の特徴であるが，通貨制預貯金が 29.6％，定期性預貯金が 36.7％，生命保険が 16.5％なので，この 3 つで 8 割を占める。有価証券は 17％と少ないが，「貯蓄から投資へ」の流れから前年比 3.1％の上昇となっている。

（4）高齢者の住宅ローン

　高齢期は収入が増えない場合が多いので，負債があるのは生活のリスクとなる。特に住宅ローンが残っていると大きな負担となる。通常，住宅ローンは退職前に完済しておきたいが，もしも負債がある場合は，全額一括返済をして借金をなくしておきたい。ただ手元の資金が減るので不安に感じる人もいるかもしれない。住宅ローンがあると，生命保険の機能（団体信用保険に加入するため，契約者の死亡や高度障害などで返済できない場合はローンが一括返済される）が残るため，ローン返済は残るが，一部繰り上げ返済をすることで生命保険の機能を残すことも可能である。

　また「リバースモーゲージ型住宅ローン」への借り換えという方法もある。死後，売却して一括返済できる住宅ローンである。毎月の返済が利息分のみとなるので毎月の支出負担は減るが，条件や金利の変動リスク，推定相続人の同意などがあることは確認しておきたい。

　さらに高齢期にバリアフリーなど，自宅をリフォームすることも多いが，いくつかの要件はあるが所得税の控除，固定資産税の減額制度や，補助制度，高齢者向け返済特例の融資制度もある。制度は変更されるので，これも事前に確認しておきたい。

3. 高齢者世帯の経済

（1）成年後見制度

　高齢期が長くなると，先に見たように，平均寿命（0歳児が平均して何歳まで生きられるか）と健康寿命との間が8年〜12年ほど伸びる傾向にある。また介護に要する期間も平均5年1ヵ月と長くなっている。要介護認定者数（要支援）（厚生労働省）も令和3（2021）年度は約690万人であり，公的介護制度がスタートした2000年度の約2.69倍となっ

ている。このような状況から，高齢者が自分で家計や財産を管理できなくなるケースも増えている。認知症，知的障害，精神障害などの理由も含めて，自分で決めることができない場合は，「成年後見人制度」があり，財産管理，不動産や預貯金，遺産分割協議等の相続手続きや身上保護（介護・福祉サービスの利用契約や施設入所・入院の契約締結，履行状況の確認等）について，本人の意思決定支援を法的に保護する制度である。この制度には，「法定後見制度」と「任意後見制度」がある（法務省）。

「法定後見制度」は，本人の判断能力が不十分になった後に，家庭裁判所が成年後見人，保佐人，補助人を選任し，権限も法律で決められている制度である。判断力が欠けているが通常の状態の場合は「後見」，判断能力が著しく不十分な場合は「保佐」，判断能力が不十分な場合は「補助」となる。申し立ては本人，配偶者，四親等内の親族，検察官，市町村長などである。本人が締結した契約を取り消すことができる。

一方，本人が十分な判断能力がある場合は，あらかじめ本人が選んだ「任意後見人」を決め，代わりにしてもらいたいことを「任意後見契約」（公正証書）で決めておくのが「任意後見制度」である。本人や配偶者，四親等内の親族，任意後見受任者が手続きの申し立てをできる。本人が締結した契約を取り消すことはできない。

他に「成年後見登記制度」があり，成年後見人等の権限や任意後見契約の内容などを登記官が登記，または交付することで，登記情報を開示する制度である。これによって本人に代わって財産の売買・介護サービス提供契約などを締結するときに，証明書を提示することで権限を確認してもらうことができる。

（2）遺産問題と葬儀費用

　高齢になると周りの者も自分自身もなかなか言い出しにくいが，遺産問題は重要な高齢期の経済問題である。遺産が少しでもある場合は，まず遺言書を作成することが重要である。なぜなら，遺言書がなければ，相続人全員が遺産分割協議をして遺産分割の方法を決めなければならず，もめるもととなるからである。もし協議がまとまらなければ，家庭裁判所に調停や審判を申し立てることになる。しかし，精神的混乱や相続人同士の争いを避けるという意味でも，できるだけ自分で遺言書を書いておくことが，残された人々のトラブルを解決するのに役立つことになる。遺言書では，相続人以外の人にも財産を与えることが可能となる。

　遺言書には，普通方式と特別方式があるが，一般的には普通方式を指す。普通方式には，①自筆証書遺言，②公正証書遺言，③秘密証書遺言の3つがある。自筆証書は，遺言者が全文，日付，氏名を自筆で書くもので簡単に作成できるが，それだけに無効となるものも多いため，できれば公正証書遺言が好ましい。公正証書遺言とは，公証人が作成するもので，確実で安全である。公正証書遺言には証人2人が必要となる。また，公証人に病院等に来てもらうこともできる。

　相続というと，相続税が気になるが，基礎控除がある。基礎控除の金額は法定相続人の人数によって異なるが，3,000万円＋(600万円×法定相続人の人数)である。相続税のかからない財産には，生命保険，退職手当金，墓地，墓石，仏壇仏具などがあるが，基本的に土地と建物が遺産の割合の大部分を占めている。相続はプラスとマイナスの財産があるので，放棄する場合は相続開始から3ヵ月以内となっている。また配偶者控除では，妻や夫が相続する場合，法定相続分相当額と1億6,000万円とのいずれか大きい額までは相続税は免除される。未成年者の場合は

10万円に18歳になるまでの年数を掛けた額が税金から控除される。仮に相続税を支払わなければならない場合，相続の開始のあったことを知った日の翌月から10ヵ月以内なので，注意が必要である。相続税率1,000万円以下10％，3,000万円以下50万円，5,000万円以下200万円，1億円以下30％，2億円以下40％，3億円以下45％，6億円以下50％，最高税率は6億円超の55％である。

　また，生前贈与という選択肢もある。贈与税の課税方式としては，「暦年課税」と「相続時清算課税制度」の2つがある。「暦年課税」は通常の贈与税で1年間に贈与された財産の総額に対して課税されるものである。毎年基礎控除額110万円以内は非課税であるが，それを超えると税率は高くなり，3,000万円以上で55％の累進課税となる。ただし贈与分が相続財産に加算され，加算対象となる期間が拡大しているので注意が必要である。一般的に財産が多額で，基礎控除を超える贈与をしてでも相続財産を減らしたい，「小規模宅地等の特例」を使いたい場合が有効と考えられる。

　一方，「相続時清算課税制度」は，相続税と贈与税を一本化し，親から子への資産移転の促進を図るために平成15（2003）年から創設されている。また2024年1月から年110万円の基礎控除（非課税枠）が新設されている。贈与した時点の課税を相続が発生するときまで先延ばしする制度である。60歳以上の親から18歳以上の子および孫への贈与が対象である。非課税枠は累計2,500万円（特別控除）で，枠の範囲内なら何度贈与しても贈与税はかからない。これを超えた贈与財産に一律20％の税率がかかる。相続時には，贈与された財産もすべて合算し相続税として支払い額が決定されるので，特別控除には相続税の節税効果はない。また精算課税を選ぶと，その後同じ人からの暦年贈与は受けられない。自宅を贈与すると，「小規模宅地等の特例」（自宅土地の評価額を

80％減らす）は使えない。一般に財産があまり多くなく，年110万円の基礎控除を使えば相続税がかからない，被相続人が高齢で，相続が近い場合に有効と考えられる。

　自分に何かあったときは，もうこの世の中にはいないので，遺産同様，その後の生活の心配まではしなくてもよいが，葬儀費用ぐらいは残しておきたい。葬儀は地域により，またその内容によりピンからキリまであるが，近年は景気の悪化と葬儀に対する考え方の変化から，葬儀にかける金額は減少傾向にある。葬儀の総費用は平均約161.9万円（日本消費者協会，2022）である。これには通夜からの飲食接待費（約12万円），寺院への費用（約43万円），葬儀一式費用（約112万円）が含まれている。さらに市民葬や都民葬などの葬祭扶助の制度もあり，安価に葬儀をすることも可能である。また結婚式同様，近親者だけの「家族葬」も増えている。いろいろなタイプがあるが，10万円台から，親族30人ほどの家族葬の場合，合計56万円ほどが目安である。

　死亡すると故人の預金口座は通常，銀行に連絡があった時点等で凍結されるが，故人が亡くなったことで生活できなくなると困るので，2019年から死亡時の預貯金残高×法定相続分×1/3，または150万円までを同一の金融機関から引き出せる「遺産分割前の相続預金の払戻し制度」がある。書類申請が必要であることと，葬儀以外に使った場合は遺産の一部を先に受け取ったことになり借金がある場合はそれも相続する必要がでてくるので注意が必要となる。国民健康保険や社会保険等に加入している場合は，「葬祭費補助金制度」があるので確認しておきたい。

　また，近年はお墓がない人も多い。調査によると約3割の人が「墓地がない」と答えている。先祖代々の墓は遠い，生前に購入すると相続税の課税対象にはならない等の理由で，生前に購入する人も増えている。一般墓は平均約152.4万円である（お墓の消費者全国実態調査2023）。

また従来のお墓を立てずに，納骨堂（約77.6万円），樹木葬（約66.9万円）などのような埋葬方法も増えている。特に樹木葬は51.8%と調査史上初めて半数以上となった。納骨堂も20.2%と一般墓を上回った。

墓地には寺院墓地，公営霊園，民営霊園の3種類があるが，自治体が経営する公立の墓地は，値段も安く，環境もよく，交通の便がいいためなかなかあたらない場合が多い。有名な墓地になると応募者が多く，なかなか入れない。近くのお寺の場合はそのお寺の檀家にならなければならず，宗派が異なると改宗しなければならない。一方民間の霊園は公営よりは高く，また不便な場所にある場合も多く，石材店が指定されていることも多い。近年は，墓地の購入，お墓の引っ越しの改装費用（約230〜330万円）や墓じまい，離檀料（20〜50万円）などでトラブルも生じている。墓地の購入は消費者問題として，近年相談件数が増加傾向にある。国民生活センターでは墓に関する相談が2022年度には1,143件，葬儀サービスに関しては947件と増加している。墓地の購入は「使用権」を購入することを意味するので，転売できない。他の商品の購入と同じく，見積書を作成してもらい，契約と同じ内容か，確認してから購入するようにしたい。

参考文献

国立社会保障・人口問題研究所のホームページ，http://www.ipss.go.jp/（参照日 2024 年 7 月 10 日）

総務省「国勢調査」2020 年版　https://www.stat.go.jp/data/kokusei/2020/kekka/pdf/outline_01.pdf（参照日 2024 年 7 月 10 日）総務省統計局，2023,『家計調査年報　令和 4 年　Ⅰ　家計収支編』日本統計協会

総務省統計局，2023,『家計調査年報　令和 4 年　Ⅱ　貯蓄・負債編』日本統計協会

消費者庁，「令和 5 年版消費者白書」 https://www.caa.go.jp/policies/policy/consumer_research/white_paper/2023/white_paper_131.html（参照日 2024 年 7 月 10 日）

厚生労働省，「令和 5 年就労条件総合調査」 https://www.mhlw.go.jp/toukei/itiran/roudou/jikan/syurou/23/index.html（参照日 2024 年 7 月 10 日）

法務省，「成年後見制度　成年後見登記制度」 https://www.moj.go.jp/MINJI/pdf/pamphlet.pdf（参照日 2024 年 7 月 10 日）

国民生活センターのホームページ，http://www.kokusen.go.jp（参照日 2024 年 7 月 10 日）

国民生活センター，墓・葬儀サービスの相談事例 https://www.kokusen.go.jp/soudan_topics/data/sougi.html（参照日 2024 年 7 月 10 日）

全優石 https://www.zenyuseki.or.jp/buy/price.html（参照日 2024 年 7 月 10 日）

公益財団法人生命保険文化センター　http://www.jili.or.jp/lifeplan/houseeconomy/succession/3.html.（参照日 2024 年 7 月 10 日）

内閣府,「令和 5 年版高齢社会白書」 https://www8.cao.go.jp/kourei/whitepaper/w-2023/gaiyou/pdf/1s1s.pdf（参照日 2024 年 7 月 10 日）

鎌倉新書,「いいお墓」情報サイト，第 14 回「お墓の消費者全国実態調査」2023 年 https://guide.e-ohaka.com/research/survey_2023/（参照日 2024 年 7 月 10 日）

学習課題

1．身近な高齢者の家計を教えてもらおう。

2．相続について話しあっておこう。

12 | 社会保障と生活

《**目標＆ポイント**》 生きていくうえで，私たちは社会保障とは切っても切れない関係にある。社会保障とは何か，どのようなものがあり，いつどのように活用できるのかを理解しよう。本章では，社会保障の中の社会保険，社会福祉，公的扶助（生活保護）について学ぶ。

《**キーワード**》 社会保険，社会福祉，公的扶助

「社会保障」という言葉をよく聞くが，具体的に何が保障されているのかを理解していないことが多い。社会保障は，狭義には，公的扶助，社会福祉，社会保険，公衆衛生から構成されている。また，社会保障の仕組みに着目すると，保険の技術を用いて保険料を財源として給付を行う「社会保険」（共助）と，保険の技術を用いず，租税を財源として給付を行う「社会扶助」（公助：社会福祉，公的扶助，公衆衛生）とに分類できる（坂口，2007）。「社会保険」と対極にあるのが「民間保険」である。「社会保険」が強制保険であるのに対して，「民間保険」への加入は個人の自由である（自助）。社会保障給付費は年々増加している（図12-1）。海外の社会保障制度には，スウェーデンを代表とする高福祉・高負担の国家とアメリカを代表とする低福祉・低負担の国家がある。スウェーデンの国民負担率は56.4％（2019年），消費税は25％であるが，共助と公助，所得保障が中心で，年金保険や医療保険，労災保険，児童手当，住宅手当，福祉サービス等がある。アメリカの国民負担率は低負担といっても32.4％で，自助努力が中心となっている。医療保険は高

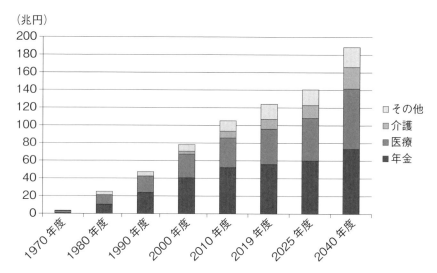

*1970・1980・1990・2000・2010・2019 年度は国立社会保障・人口問題研究所「社会保障費用統計」、2025・2040 年度は厚生労働省「2040 年を見据えた社会保障の将来見通し（議論の素材）」をもとに生命保険文化センターが作成

図 12-1　社会保障給付の推移
　　　　（出典）公益財団法人生命保険文化センター「自助・共助・公助について考えよう」
　　　　https://www.jili.or.jp/school/yokoku/index.html（参照日 2024 年 7 月 10 日）

齢者や低所得者、障害者を対象としている。消費税は州によって異なる（ニューヨーク州約 9％、2022 年）。

　ここでは特に社会保険、社会福祉、公的扶助について見ておこう。ただし、社会保障改革などで、制度の変更は常に生じているので、新しい情報を取り入れるようにしたい。

1. 社会保険

　「社会保険」とは、病気、けが、出産、死亡、老齢、障害、失業など

第12章　社会保障と生活　**185**

が生じたときに一定の給付をして，生活の安定を図ることを目的とした
保険である。病気やけがを対象としたのが公的医療保険，老齢，障害，
死亡によって労働能力や働き手を喪失した場合の所得減少のための保険
が公的年金保険，労働者災害補償保険（労災保険）と雇用保険とを総称
したのが労働保険，他に公的介護保険がある。

（1）医療保険

　病気やけがのときに医療費用の保障を目的とするのが「医療保険」で
あるが，サラリーマンは「健康保険」，公務員や私立学校教職員は「共
済組合」，船員として船舶所有者は「船員保険」，自営業者，パートやア
ルバイトで職場の健康保険に加入していない人，退職して職場の健康保
険をやめた人や家族は「国民健康保険」に加入している。「国民健康保
険」には，農業，自営業，無職の人が加入する「市町村国民健康保険」
と，医師，弁護士，理容師などの特定の職業の自営業者が加入する「国
民健康保険組合」が含まれている。財源は保険料，国庫負担，病院等で
支払う一部負担金によっている。

　医療を受けるときは，年齢や年収に応じた負担額を支払う。負担割合
は，6歳（義務教育就学前）までは2割，6歳～69歳までは3割，70
～74歳までは2割負担，75歳以上は所得に応じて1割～3割負担であ
る。高齢者でも一定の所得があれば2割負担，現役並みの所得者は3割
負担となる。しかしこの負担割合は毎年のように変更が検討されている
ので，常に確認しておきたい。また，保険で支払われる部分と自己負担
分とがある。例えば入院時の食事代の一部，高度先進医療を受ける場
合，特別室などに入院する場合，歯の治療を受ける場合は差額分を自己
負担しなければならない。ただし，年齢，所得，世帯によって異なる
が，1ヵ月の医療費の自己負担金が高額になり，限度額を超えた部分が

高額療養費として後から払い戻される。

（2）年金保険

　現在のわが国の公的年金制度の基本は，現役世代が支払った保険料を仕送りのように高齢者などの年金に充てる「世代間扶養」（賦課方式）である。自分のための貯蓄ではない点は理解しておきたい。保険料以外に年金積立金と税金も給付に充てられている。日本の公的年金制度は「国民皆年金」の制度で，20歳以上の全ての人が国民年金（基礎年金）を基盤（1階）として，会社員などが加入する厚生年金などによる「被用者年金」（2階），「企業年金」（3階）の体系となっている。厚生年金は，毎月定率の保険料を会社と折半で負担し，保険料は毎月給料から天引きされる。「企業年金」は任意加入であるが，厚生年金基金，退職等年金給付，確定拠出年金（企業型），確定給付企業年金が含まれている。

1）国民年金

　公的年金制度の所轄は 2010 年から「日本年金機構」となっている。年金保険には，老齢（退職），障害，死亡（遺族）に関する保険があり，給付として「老齢基礎年金」，「障害基礎年金」，「遺族基礎年金」がある。1985 年の年金改正で，国民全員が年金に加入することになり，「国民皆年金制度」が誕生した。

　「国民年金」は，20歳になればすべての国民が60歳までの40年間加入する制度である。加入者の属性によって，農業，自営業者や学生は「第1号被保険者」，サラリーマンや OL，公務員私立学校教職員は「第2号被保険者」と呼んでいる。「第2号被保険者」は，国民年金に加えて厚生年金（サラリーマンや OL や公務員，私立学校教職員）に加入している。「第2号被保険者」の被扶養配偶者（20〜59歳）は「第3号

被保険者」に分類されている。

　国民年金の保険料は，毎年変更となるが，令和5年度は16,520円（月額）である。さらに賃金上昇率によって変化することになっている。加入年数は40年間であるが，10年以上保険料を支払っていれば，減額されるが年金は支給される。10年に満たないと，国民年金制度からは受け取れない。「第2号被保険者」は厚生年金に加入しているため，国民年金の保険料は，その保険料に含まれており，労使で折半している。また「第3号被保険者」は個人的に保険料を負担しなくても，「第2号被保険者」の厚生年金で一括負担されており，年金は給付される。

　財源は「第1号被保険者」が負担する保険料，被用者年金制度（厚生年金）からの拠出金，国庫負担（2分の1），積立金の運用収入で，どの世代でも納めた保険料の1.7倍は受け取れるよう工夫されている。60歳になっても加入期間が10年に達せず，年金受給権のない人などは65歳まで国民年金に任意で加入することができる。また定額の保険料に月額400円の付加保険料を上乗せすると，将来の老齢基礎年金に付加年金が加算される（2年以上受け取ると支払った付加保険料以上の年金となる）。

　収入の減少や失業等により保険料を納められない場合は，保険料の免除制度もある。本人，配偶者及び世帯主それぞれの前年所得が一定額以下であれば，申請者本人が免除を受けることができる。審査があるが，全額免除と一部免除（4分の3免除，半額免除，4分の1免除）がある。年金受給額は国庫負担分のみとなるので，年金額を増やすには10年以内であれば過去10年にさかのぼって追納できる。また60歳以降も国民年金に任意加入するなどの対応が必要となってくる。

　「学生納付特例制度」は，教育施設に在学する学生に対して，本人の所得が一定額（めやすは前年所得128万円＋扶養親族数×38万円）以

下であれば，国民年金の保険料納付を猶予する制度である。猶予期間は受給要件に含まれるが，満額受給したい場合はその後10年間のうちに保険料が納付できる。また病気やけがで障害が残ったときに，障害基礎年金を受け取ることができる。

「産前産後期間の国民年金保険料の免除」制度も新設されている。国民年金の第1号被保険者が出産した場合，単胎の場合，出産予定日の前月から4ヵ月間，多胎の場合，出産予定日の3ヵ月から最大6ヵ月間免除される（死産・流産・早産を含む）。これは国民年金保険料を月額約100円引き上げることで可能となっている。免除された期間は保険料納付したものとして受給額に反映される。ただし全額免除の場合，給付額は2分の1となるので，受取額を増やすには付加保険料を納付することができる。

①老齢基礎年金

国民年金の中で，老後の生活を支えるのが「老齢基礎年金」である。年金の給付は物価によって変化するが，65歳から一生同じ額を受け取ることができる。令和5年で月額66,250円である。未納期間はその分，減額される。60歳になれば，減額されてもよいなら年金の給付が受けられるが，これを「繰り上げ支給」と呼んでいる。減額率は繰り上げた月数×0.4％で最大24％となり，一生同じ率でしか給付は受けられない（令和5年度で約5万円支給）。同様に75歳（人によっては70歳）まで「繰り下げ支給」することもでき，その場合の増額率は繰り下げした月数×0.7％で最大84％（約12万円）が支給される。老齢厚生年金も増額され，生涯続くが，どちらか一方のみ繰り下げることもできる。

第12章　社会保障と生活　|　**189**

②障害基礎年金

「障害基礎年金」は，国民年金に加入中に，病気やケガで障害が残った場合に支給される年金を指す。支給要件は，国民年金の保険料納付期間が加入期間の3分の2以上あること，20歳未満のときに初めて医師の診療を受けた者が，障害の状態にあって20歳に達したとき，または20歳に達した後に障害の状態になったときと決められている。年金額（令和5年）は67歳以下の2級障害が795,000円＋子の加算額，68歳以上が792,600円＋子の加算額，67歳以下の1級障害は993,750円，68歳以上が990,750円＋子の加算額となる。子の加算額は2人まで1人につき228,700円，3人目以降は1人につき76,200円が加算される。子とは18歳になった後の最初の3月31日までの子，または20歳未満で障害等級1級または2級の状態にある子を指す。

③遺族基礎年金（「第10章　離婚の経済とひとり親世帯の家計」を参照）

「遺族基礎年金」とは，生計を維持していた者が死亡したことによって，子のある配偶者，子が受ける年金を指す。子とは，18歳到達年度の3月31日を経過していないこと，20歳未満で障害等級1級または2級の子を指す。支給を受けるには，保険料の納付期間が加入期間の3分の2以上なければならない。また，子どもの数によって支給額が変わってくる。子のある配偶者が受け取れるのは，67歳以下の人は795,000円＋子の加算額，68歳以上の人は792,600円＋子の加算額である。

2）厚生年金

　民間の企業，公務員，私立学校に勤めている人は，事業所を単位に厚生年金にも加入している。厚生年金にも，国民年金同様，「老齢厚生年

金」,「障害厚生年金」,「遺族厚生年金」の制度がある。財源は，労使が折半する年金保険料である。ボーナスからも天引きされる。他に積立金の運用収入，国庫負担からなっている。支給される年金は基礎年金（国民年金）と厚生年金（報酬比例部分）である。

　加入対象者は厚生年金保険の適用を受ける事業所に勤務する会社員・公務員などで70歳未満であるが，正社員の労働日数の4分の3以上働いているアルバイト・パートの人も対象者である。年金額は収入によって異なるが，厚生労働省の計算によると，標準的な夫婦がもらえる年金の月額は約23万円である（2024年度）。これは平均月収（含賞与）が43万9,000円で40年間就業した会社員と会社員や公務員などとしての勤務経験がない専業主婦（夫）の世帯としている。会社員が月16万2,483円，専業主婦（夫）が月6万8,000円である。ただここから税金（所得税と住民税）や社会保険料（国民健康保険料と介護保険料）が引かれるので，会社員の手取りは月15万円，専業主婦（夫）は月6万1,000円なので，夫婦で合計約21万1,000円である。現役時代よりはかなり減るので早めに生活設計しておく必要があることがわかる。

　会社に勤めていても70歳になれば厚生年金保険に加入する資格を失う。ただし事業所に勤務しており，70歳以上の高齢者が，厚生年金保険や国民年金から老齢給付を受けることができない場合，その期間を満たすまで任意加入することができる「高齢任意加入被保険者制度」がある（全額自己負担であるが，事業主が同意した場合は折半）。10年以上の保険料納付済み期間が条件となる。学生等で免除申請期間も含まれる。「任意単独被保険者制度」は，厚生年金保険の適用事業所以外の事業所に勤務している70歳未満の者を対象としている。

　「老齢厚生年金」は，厚生年金の被保険者期間がある者が，老齢基礎年金の資格期間（10年）を満たしている場合に支給される。退職した

者に対しては全額支給となるが，まだ働いている場合は，年金額の全部または一部が支給停止となる。厚生年金保険に加入しながら働く場合や，厚生年金保険の加入事業所で70歳以降も働く場合は給与収入によって（老齢厚生年金と給与の合計が1月あたり48万円を超える），特別支給の老齢厚生年金または老齢厚生年金の一部または全部が支給停止となる。

　また，「障害厚生年金」は，厚生年金保険の被保険者である間に，障害の原因となった病気やけがの初診日があること。障害の状態が，障害認定日に，障害等級表に定める1級から3級のいずれかに該当していること。ただし，障害認定日に障害の状態が軽くても，その後重くなったときは，障害厚生年金を受け取ることができる場合がある。初診日の前日に，初診日がある月の前々月までの被保険者期間で，国民年金の保険料納付済期間（厚生年金保険の被保険者期間，共済組合の組合員期間を含む）と保険料免除期間を合わせた期間が3分の2以上あることという条件がある。年金額は1級の場合，報酬比例月額×1.25＋配偶者の加給年金額（228,700円，生計を維持している65歳未満の配偶者），2級は報酬比例月額＋配偶者の加給年金額，3級は報酬比例月額のみであるが，67歳以下の場合の最低保証額は596,300円，68歳以上の場合は594,500円となっている。加給年金については今後変更もある。

　「遺族厚生年金」の順位は，子のある配偶者，子，子のない配偶者，父母，孫（18歳の年度末までの子，1級2級の障害者），祖父母の順である。条件として，生計を一にしていることと収入要件がある。さらに，40歳から65歳未満の間は，「中高齢の加算」（596,300円）が「遺族厚生年金」に加算される。しかし，これには条件があり，夫の死亡時に生計を同じくしている子のいない40歳以上65歳未満の妻，「遺族厚生年金」と「遺族基礎年金」を受けていた子のある妻が，子が18歳到

達年度に達したため,「遺族基礎年金」を受給できなくなった場合に限られる。また,子どもがいない30歳未満の妻の場合は,「遺族厚生年金」は5年で打ち切られる。夫が死亡したときに,前年の妻の収入が850万円(所得655.5万円)以上で,それが5年は続くと予想できる場合,「遺族厚生年金」は受けられない。「遺族厚生年金」と「老齢厚生年金」等の受給権がある65歳以上の場合,本人の「老齢厚生年金」は全額もらえるが,「遺族厚生年金」に関しては,本人の老齢厚生年金等に相当する額が支給停止となり,その差額のみが支給される。このような制度は毎年変更されているので,今後も注意していきたい。

(3) 労働保険

労働保険とは,「労働者災害補償保険(労災保険)」と「雇用保険」とを総称したものである(厚生労働省)。

①労働者災害補償保険(労災保険)

「労働者災害補償保険(労災保険)」は,労働者が業務上の業務の事由または通勤によって負傷したり,病気に見舞われたり,あるいは不幸にも死亡した場合に,被災労働者や遺族を保護するため必要な保険給付を行う強制加入の保険である。保険料は,支払った賃金総額に保険料をかけて決定される。保険料は,事業主が全額負担するので,労働者は負担しなくてよい。ここでいう労働者とは,正社員だけでなく,パートタイマーやアルバイトも含まれている。また,労働者の社会復帰の促進などの労働者の福祉の増進を図る事業も行っている。公務員,公営企業職員,船員保険の被保険者は対象外である。近年は,労働時間の延長などの環境を反映してか,「過労死」や業務上のストレスに関する傷病も「労災」として認定されている。過労死等に関する請求件数は3,486(令

和5年）で前年より387件増加している。支給決定件数は904件で，うち死亡・自殺（含未遂）が121件である。

②雇用保険

「雇用保険」は，失業などによって，収入が減った人の生活を安定させ，同時に失業そのものを予防するための強制保険制度である（坂口：2007）。「雇用保険」には，「失業等給付」，「育児休業給付」，「雇用保険二事業」がある。「失業等給付」とは，労働者が失業した場合及び労働者について雇用の継続が困難となる事由が生じた場合に，労働者の生活及び雇用の安定を図るとともに，再就職を促進するために必要な給付を行うものである。求職者給付，就職促進給付，教育訓練給付，雇用継続給付がある。保険料率は，一般事業者の場合労働者負担・事業者負担ともに6/1000，雇用保険二事業に係る雇用保険料率は事業者のみ負担は3.5/1000である（2024年度）。

（4）介護・高齢者福祉

「介護保険」は，老人福祉と老人医療に分かれていた高齢者介護制度を再編成して作られた制度で，2000年の4月に開始された，拠出制の強制加入の保険である。保険料は所得に応じた定額保険料で，居住地によって異なる。「介護保険」では65歳以上を「第1号被保険者」，40〜65歳未満の医療保険加入者を「第2号被保険者」と呼んでいる。保険料は，「第1号被保険者」は老齢・退職年金から天引きされ，「第2号被保険者」は加入している医療保険の保険料に上乗せして徴収されている。「介護保険」の財源は，保険料が5割（第1号23％，2.9兆円，第2号27％，3.5兆円），公費（国25％，3兆円，都道府県12.5％，1.8兆円，市町村12.5％，1.6兆円）が5割である。総費用は2000年では

3.6兆円であったのが，13.8兆円（2023年）に増加している。要介護度別認定者数も256万人（平成12年）から682万人（令和2年）まで増加し，この21年間で約2.7倍になった。特に軽度の認定者数が多い。保険料も3年ごとに見直しが行われているが，全国平均6,014円（令和3～6年度）である。2000年当初の2,911円に比べると2倍に増加していることがわかる。介護給付に係る総費用のサービス種類別内訳では，居宅が44.1%，施設が33.4%であり，居宅の中でも通所介護が11.9%，訪問介護9.8%が大きい。施設では特養（特別養護老人ホームの略称）18.7%，老健（介護老人保健施設の略称）12.5%が占めている。

　サービスを利用するには，まず「要介護認定」を受ける。これによって，「要介護度」が認定され，「自立（非該当)」，「要支援1，2」，「要介護1～5」に分類される（図12-2）。それぞれの段階に応じて，介護給付，予防給付，地域支援事業が設定されている。介護給付には，①施設サービス，②居宅サービス，地域密着型サービス，があり，予防給付には，介護予防サービスと地域密着型介護予防サービスがある。地域支援事業には，介護予防事業，市町村の実情に応じたサービス，などがある。

　サービスを利用した場合は，サービスに要した費用の9割分は保険給付されるが，1割を利用者負担として支払う。また，利用したサービス施設の食費と居住費を支払う。ただし低所得者に関しては，利用者負担の一定額を超える部分は，保険給付がされている。所得に応じて，保険給付の上限額が決められている。

2. 児童福祉および母子（寡婦）福祉

　児童福祉に関する基本的な法律は，「児童福祉法」であり，児童が心身ともに健やかに生まれ，育成されるように，保育，母子保護，児童虐待防止対策などを含み，児童福祉を支援している。児童福祉の給付に

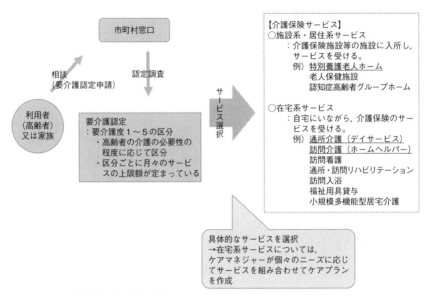

図 12-2　介護保険制度利用の流れ
（出典）厚生労働省。
https://www.kaigokensaku.mhlw.go.jp/commentary/（参照日 2024 年 10 月 6 日）

は，現物給付と現金給付がある（坂口，2007）。現物給付には，福祉用具などの現品給付，入所，通所施設等の施設給付，児童居宅介護事業などの役務サービス給付がある。一方，現金給付には，「児童手当」，「児童扶養手当」，「特別児童扶養手当」（障害のある児童対象）などの現金給付や，利用料等の減免，資金の融資や貸与がある。

「児童手当」は，子ども・子育て支援法などの一部改正により，2024 年 10 月から支給要件が大幅に緩和され，所得制限が撤廃され，中学生から高校生の年代まで拡大することとなった。支給額は 0～2 歳は 1 人月 15,000 円，3 歳～高校生は 1 万円，第三子以降は月額 3 万円に増え

る。支給回数もこれまでの年3回から6回に増える。

　一方「児童扶養手当」は，ひとり親家庭の生活の安定と児童の健全育成のための手当てである（「第10章　離婚の経済とひとり親世帯の家計」を参照）。約85万人に支給している。児童とは，18歳に達する日以後の最初の3月31日までの間にある者，または20歳未満で政令で定める程度の障害の状態にある者をいう。受給の条件は，①父母が婚姻を解消している，②父または母が死亡した児童，③父または母が重度の障害にある児童，④父または母から引き続き1年以上遺棄されている児童，⑤父または母が引き続き1年以上拘禁されている児童，⑥母が婚姻しないで生まれた児童，⑦父，母とも不明である児童，があげられる。ただし，所得制限があり，全部支給の2人世帯で収入160万円，一部支給で365万円である。公的年金や遺族補償を受け取ることができる場合は支給されない。また，児童福祉施設等に入所している場合等は支給されない。手当の月額は子どもの数や所得によって決まる（第10章「離婚の経済とひとり親世帯の家計」を参照）。

　一方，母子及び寡婦とは，配偶者のない女子及び，かつて母子家庭の母であった者を指す。このような家庭に対しては，「母子及び寡婦福祉法」が制定されており，その生活の経済的，社会的安定と向上を図るために必要な措置を講じている。これまでは児童手当て中心の支援であったが，就業・自立に向けた総合的な支援へと方向転換している。ひとり親家庭等の自立支援策として，「子育て・生活支援」，「就業支援」，「養育費確保支援」，「経済的支援」の4本柱で施策を推進している。

　その他の母子福祉に関するものとしては，これまで見てきたように，遺族基礎年金，遺族厚生年金，生活保護制度の母子加算，所得税・住民税の寡婦控除などがある。

3. 障害者福祉

　障害者福祉とは，身体，知的発達，精神に障害を持つ人々に対して，自立を支援する社会的サービスを指す。受益者負担の原則から，障害者はサービス費用の1割を負担している。障害者福祉のサービスには，介護給付，訓練等給付，地域生活支援事業の3つがある。現金による給付ではなく，サービスが提供される現物給付が原則となっている。障害者と障害児に別れている。障害児が対象となるサービスは，一部障害者の給付サービスが含まれる以外に入所支援，通所支援，放課後デイサービス，保育所等訪問支援などがある。

　介護給付のサービスには，居宅介護，重度訪問介護，同行援護，行動援護，重度障害者等包括支援，短期入所，療養介護，生活介護，施設入所支援がある。訓練等給付のサービスには，自立訓練，就労移行支援，就労継続支援，就労定着支援，自立生活援助，共同生活支援がある。

　2006年に「障害者自立支援法」が施行されていたが，これを廃止し，制度の谷間がなく，サービスの利用者負担を応能負担とする「障害者総合支援法」を2013年に制定し，障害者福祉施策が見直された。対象者は，身体障害，知的障害，精神障害，発達障害を持つ成人と児童，そして300種類以上ある難病患者である。

　現在の国の障害者手当には，「障害児福祉手当」，「特別児童扶養手当」，「特別障害者手当」等がある。「障害児福祉手当」とは，身体または精神に重度の障害を有する児童に対して支給される手当である。20歳未満の障害児が対象であるが，受給資格者（重度障害児）の前年の所得が一定の額を超えるとき，もしくはその配偶者または受給者の生計を維持する扶養義務者の前年の所得が一定の額以上の場合，手当は支給されない。2023年には月額15,220円が支給されている。「特別児童扶養

手当」とは，身体または精神に中度または重度の障害がある 20 歳未満の児童を監護・養育している父母等に対して，所得制限はあるが，1 級の場合月額 53,700 円，2 級月額 35,760 円（2023 年）が支給される制度である。これらは児童に対してであるが，「特別障害者手当」は，身体または精神に著しい重度の障害を有し，日常生活において常時特別の介護を必要とする 20 歳以上の在宅の特別障害者に対して，月額 27,980 円（2023 年）が支給される。これも所得制限があり，もしくはその配偶者または生計を維持する扶養義務者の前年の所得が一定の額以上である場合，手当は支給されない。

4. 公的扶助

（1）公的扶助の歴史

公的扶助は，生活保護制度（1946 年）によって制定されている。その目的は，「生活に現に困窮している国民に，その困窮の程度に応じ必要な保護を行い，その最低限度の生活を保障するとともに，その自立の助長を図ること」である。この最低限度の生活とは，健康で文化的な生活水準を維持することを意味している。対象者は「資産，能力等すべてを活用した上でも，生活に困窮する者」である。1946 年の旧生活保護法では，すべての日本の在住者が対象であったが，1950 年に新法が施行され，国籍条項が加わり，日本国内に住む日本国籍を持つ者のみが対象となった。1954 年の厚生省社会局長通知では，「正当な理由で日本国内に住む外国籍の者に対しても，生活保護法を準用する」ことになった。

最低の生活を規定するための最低生活費の研究は，「第 3 章　海外の家計研究の歴史」で見てきたように，古くから家計研究の関心事であった。最低生活費の裁定方法には（多田，1989），社会的指標による方法

と生計費指標による方法の2つがある。生計費指標には，①マーケット・バスケット方式，②エンゲル方式，③実態生計費方式，の3種類である。

「マーケット・バスケット方式」とは，生活に最低限必要な生活用品を買い物かごに入れて買った費用を見積もって裁定する方法である。生活用品を全部数えるので，「全物量方式」や「積み重ね方式」とも呼ぶ。これは「第3章　海外の家計研究の歴史」で見たように，イギリスのラウントリーが1889年に最低生活費を算出するときに用いたので，「ラウントリー方式」ともいわれている。

一方，「エンゲル方式」とは，「第6章　家計をめぐる法則」で見たように，栄養学の研究から最低生活のための食生活に必要な最低食料費を算出し，家計調査の中からこの最低食料費を支出している世帯を選び出し，その世帯のエンゲル係数（消費支出に占める食料費の割合）を求める。そして，「エンゲル法則」を用いて，消費支出の値を裁定しようとするものである。最低食料費は，マーケット・バスケット方式を用いていることから，「一部物量方式」とも呼んでいる。

「実態生計費方式」とは，生計費の実態から，最低生活費の指標を見出して，最低生活費を裁定しようとするものである。

わが国の最低生活費の算定方法は，「マーケット・バスケット方式」から始められ，昭和23年の「新生活保護法」の「生活扶助基準額」の算定基礎に用いられた。しかし，「マーケット・バスケット方式」は問題点も多い。食費に関しては，まだ栄養学によって科学的に計算できるが，それとて，献立の立て方や買い物の仕方，食べ方，などによっては主観が入り込む。食費以外の費目に至っては，一層主観的にならざるを得ない。最低の入浴回数や最低の生活の靴下の数など，絶対的な最低ラインを科学的根拠を用いて決めることは極めて困難である。「マーケッ

ト・バスケット方式」による生活扶助基準額の算定方法が整備されれば
されるほど，問題が露呈するようになった。訴訟としては，1957年の
「朝日訴訟」が有名である。これは，当時の「生活保護法による保護の
基準」の支給基準が，日本国憲法第25条の健康で文化的な最低限度の
生活を営む権利（生存権）を保障する水準に満たないのは憲法違反にあ
たらないのか，という視点から訴えられたものである。この頃から新た
な最低生活費の算定方法が模索されるようになる。

　1961年からは，「エンゲル方式」によって「最低生活費」が裁定され
るようになった。これによって，基準額は18％も引き上げられること
となった。「エンゲル方式」に切り替えたことによって，マーケット・
バスケット方式のときに必要となった，入浴の回数などを提示する必要
はなくなった。しかしこの「エンゲル方式」も同様の問題点をはらんで
いた。それは，最低食料費を求めるのにマーケット・バスケット方式を
用いていたため，「エンゲル方式」とて，マーケット・バスケット方式
の変形と考えられるからである。そのため，1965年には一般市民と被
保護世帯との格差を縮小しようとする「格差縮小方式」に改められた
が，格差の縮小はほとんどおこらなかった。さらに1984年には「水準
均衡方式」（一般国民の消費水準の動向に即して基準の改定を行う方
式）へと移行して現在に至っている。これは，「一般国民の消費実態と
の均衡上ほぼ妥当な水準に達していること，一般国民との消費水準との
調整が図られるよう適切な措置をとる」（副田，1995）という考えのも
と，計算されたものである。

（2）現在の公的扶助制度

　被保護実人員は2023年1月で約202万人，被保護世帯は約165万世
帯と増加傾向にあり，日本人の60人に1人が生活保護受給者であるこ

とがわかる。保護世帯のうち最も多いのは高齢者世帯で，全体の55.3%を占めている。その中でも単身世帯がほとんどを占めている。続いて障害者・傷病者世帯（25.0%）が多い。母子世帯は4.1%である（令和5年1月厚生労働省）。生活保護行政に使われる費用は，政府の生活保護費補助金（3/4）と地方自治体の生活保護費（1/4）から成っている。

生活保護の内容は，①生活扶助（日常生活に必要な費用：食費，被服費，光熱費等），②教育扶助（義務教育を受けるために必要な学用品費），③住宅扶助（アパート等の家賃），④医療扶助（医療サービスの費用），⑤介護扶助（介護サービスの費用），⑥出産扶助（出産費用），⑦生業扶助（就労に必要な技能の修得等にかかる費用），⑧葬祭扶助（葬祭費用），の8種類である。医療扶助及び介護扶助は，直接事業者や機関に支払われるが，それ以外は実費が金銭給付される。

生活保護を受けるためには，①事前の相談（制度の説明，生活福祉資金，障害者施策等各種の社会保障施策活用の可否の検討），②保護の申請（預貯金，保険，不動産等の資産調査，扶養義務者による扶養の可否の調査，年金等の社会保障給付，就労収入等の調査，就労の可能性の調査），が必要である。保護の要否の判定と支給される保護費は，厚生労働大臣が定める基準で測定される最低生活費と収入（就労による収入，年金等社会保障の給付，親族による援助，交通事故の補償等を認定）を比較して，収入が最低生活費に満たない場合に保護を適用している。

そして最低生活費から収入を差し引いた差額を保護費として支給している。生活保護の適用後，世帯の実態に応じて，年数回の訪問調査を実施している。また，就労の可能性のある者に対する就労指導も行っている。

生活保護基準には，各種の扶助の基準，加算，勤労控除などがある

(図12-3)。最低生活費は生活扶助と住宅扶助の合計額となるが，地域や世帯人員数によって金額は変わってくる。地域は6つの地域に分かれている。生活扶助は個人単位で支給される第1類費（食費や被服費）と世帯単位で支給される第2類費（光熱費）がある。平均では，単身者は10万〜13万円，夫婦2人世帯は15万〜18万円，母子家庭は母子加算があるので19万円ほどが支給される。収入がある場合は，最低生活費から収入を引いた額が生活保護費として支給されることになる。

18歳以下の子どもがいる家庭は児童養育加算，妊娠期間中の人は栄

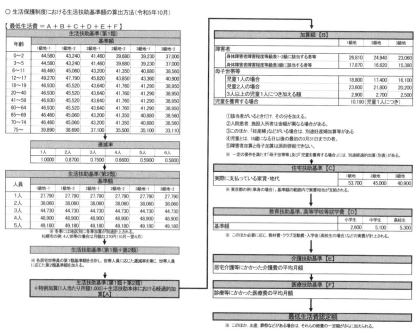

図12-3　生活保護制度における生活扶助基準額の算出方法
　　　　（出典）厚生労働省生活保護基準額について

養補給等の経費補填のための妊産婦加算，母子家庭であれば18歳以下の児童1人当たりにつき母子加算，身体障害者1～3級の人は障害者加算，介護老人保健施設に入居している人は介護施設入所加算，寒冷地居住者は冬季加算がある。また国民年金保険料，国民健康保険料，介護保険料，雇用保険料，住民税・所得税など，医療費，水道料金の基本料金など免除されるものも多いので，各自治体で確認しておきたい。

　生活保護の問題点としては，最低賃金との関係があげられるが，最近は最低賃金が上がってきていることから，全都道府県で見ると（表12-1），最低賃金が生活保護より低い所はない。

　最低賃金には，都道府県別に決められている最低賃金と特定（産業別）最低賃金がある（全国平均1,004円，2023年）。今後も多くの改正がされると考えられるので，まめに情報収集を心がけたい。

表 12-1　最低賃金額と生活保護費の比較（令和5年度）

（単位：円）

都道府県	生活保護（生活扶助基準（1類費＋2類費＋期末一扶助費）＋住宅扶助）（※）	最低賃金（令和2年度）× 173.8 × 0.817	最低賃金（令和3年度）× 173.8 × 0.817
北 海 道	105,252	126,079	130,475
青　　森	96,507	116,577	120,973
岩　　手	93,911	116,435	121,115
宮　　城	100,317	120,973	125,228
秋　　田	94,705	116,577	120,973
山　　形	95,708	116,577	121,115
福　　島	93,363	117,428	121,682
茨　　城	93,491	124,660	129,199
栃　　木	97,501	125,086	129,482
群　　馬	95,990	122,675	126,930
埼　　玉	111,424	135,581	139,977
千　　葉	108,528	135,155	139,552
東　　京	122,706	147,635	152,032
神 奈 川	118,601	147,494	151,890
新　　潟	97,779	121,824	126,221
富　　山	92,834	124,377	128,773
石　　川	96,620	122,108	126,362
福　　井	93,262	121,682	125,937
山　　梨	91,334	122,817	127,355
長　　野	94,785	124,377	128,773
岐　　阜	96,351	124,802	129,057
静　　岡	101,493	129,482	133,879
愛　　知	103,256	135,439	139,835
三　　重	94,085	127,922	132,319
滋　　賀	97,975	127,071	131,468
京　　都	109,093	132,886	137,283
大　　阪	111,627	140,686	145,083
兵　　庫	107,808	131,610	136,148
奈　　良	97,219	122,817	127,071
和 歌 山	94,211	121,824	126,079
鳥　　取	93,412	116,435	121,115
島　　根	90,458	116,860	121,540
岡　　山	99,239	122,250	126,504
広　　島	103,296	127,497	131,893
山　　口	91,169	121,540	125,937
徳　　島	87,915	116,860	121,257
香　　川	94,512	120,264	124,519
愛　　媛	95,746	116,435	120,973
高　　知	92,074	116,293	120,973
福　　岡	98,553	123,384	127,639
佐　　賀	90,381	116,435	120,973
長　　崎	93,045	116,435	120,973
熊　　本	92,055	116,435	120,973
大　　分	91,355	116,577	121,115
宮　　崎	91,341	116,435	120,973
鹿 児 島	90,860	116,435	120,973
沖　　縄	94,677	116,293	120,973

（注1）上記の額は四捨五入後の額である。

（注2）生活保護のデータについて，生活扶助基準は都道府県内の人口による加重平均であり，住宅扶助は実績値である。

（出典）厚生労働省

第 12 章　社会保障と生活　205

参考文献

副田義也，1995，『生活保護制度の社会史』東京大学出版会

橘木俊詔・浦川邦夫，2006，『日本の貧困研究』東京大学出版会

奥田真之・大藪千穂，2022，『新版　はじめての金融リテラシー』昭和堂

坂口正之・岡田忠克，2007，『よくわかる社会保障』ミネルヴァ書房

厚生労働省のホームページ　https://www.mhlw.go.jp/index.html（参照日 2024 年
　7 月 10 日）

　（https://www.mhlw.go.jp/stf/seisakunitsuite/bunya/hukushi_kaigo/kaigo_
　koureisha/gaiyo/index.html（参照日 2024 年 7 月 10 日））

多田吉三，1989，『生活経済学』晃洋書房

厚生労働省　https://www.mhlw.go.jp/topics/nenkin/zaisei/01/01-02.html（参照
　日 2024 年 7 月 10 日）

　https://www.mhlw.go.jp/stf/newpage_33879.html（参照日 2024 年 7 月 10 日）

　https://www.mhlw.go.jp/content/12300000/001099975.pdf（参照日 2024 年 7 月
　10 日）

厚生労働省，生活保護制度

　https://www.mhlw.go.jp/stf/seisakunitsuite/bunya/hukushi_kaigo/seikatsu
　hogo/seikatuhogo/index.html（参照日 2024 年 7 月 10 日）

マネーシールド https://efu-kei.co.jp/public-assistance/（参照日 2024 年 7 月 10 日）

厚生労働省，最低賃金額と生活保護費の比較（令和 4 年度）

　https://jsite.mhlw.go.jp/kagoshima-roudoukyoku/content/contents/2022-
　0802-12_a2-01-04.pdf（参照日 2024 年 7 月 10 日）

学習課題

1．自分が加入している社会保険について調べてみよう。

2．年金制度は常に変化しているので，最新の情報を調べて，変更があ
　れば記入しておこう。

206

13 投資と生活経済

《目標＆ポイント》 「貯蓄から投資へ」の流れが加速している。高等学校家庭科に投資教育や資産形成の内容が学習指導要領に加わったことによって，急速に投資が脚光を浴びている。どのような背景から変化が生じているのか，また今後，生活において投資をどのように取り扱っていくとよいかを考える。
《キーワード》 投資教育，資産形成，家庭科，学習指導要領

1. 投資への流れ

（1）国の政策

　2001年6月に当時の小泉内閣は「骨太の方針」において，「個人投資家の市場参加が戦略的に重要。貯蓄優遇から投資優遇への金融の在り方の切り替え」と明記した。この方針に基づき，金融庁（2001）では，「証券市場の構造改革プログラム～個人投資家が主役の証券市場の構築に向けて」において，高齢化社会に備えて，リスクとリターンを自主的に選択し，個人金融資産のより効率的な運用を図ることが重要であるとして，「貯蓄から投資への転換」を推進することとなった。2003年には証券優遇税制（NISA や iDeCo の非課税証券投資制度）も投資への流れを後押しした。ただ一般の消費者にとっては，投資はまだ裕福な一部の人が余裕資金でするという意識が強く，また証券優遇制度も使い勝手はあまりよくなかったせいか，家計調査（貯蓄・負債編）の勤労者世帯の貯蓄の種類別の構成比では，通貨性預貯金と定期性預貯金で57.9%を

占め，生命保険等29.6％に対して，有価証券の割合は平均7.9％であった。収入の高い第Ⅴ階級でも10.5％であったことから，投資の意識はまだ育っていなかったことがわかる。

　しかし2019年になると，金融審議会市場ワーキング・グループが「高齢社会における資産形成・管理」において「老後2,000万円不足となる」ことを発表したことで，収入が増えず，年金が減り，高齢者が増加する中で，社会保障に頼らず自主的に老後の準備をしなければならないことに多くの人が不安になった。

　2021年には岸田内閣が「新しい資本主義」において，「成長と分配の好循環」と「コロナ後の新しい社会の開拓」の推進を掲げ，2022年にOECD2020年勧告に沿った形で「資産所得倍増プラン」が決定された。これを受けて，2023年に「金融商品取引法等の一部を改正する法律」で「国民の安定的な資産形成の支援に関する施策の総合的な推進に関する基本的な方針」を定めることとなった。

　日本は，30年間にわたるデフレ経済下で賃金は伸びず，加えて新型コロナ感染症によって経済が停滞した。少子化が進み，超超高齢社会にある中，日本経済を回すために，政府は約2,199兆円（2024年3月末）の家計金融資産の半分以上が預貯金である現状を投資へと回して，経済を循環させたいと考えている。確かに2023年第1四半期の「資金循環の日米比較」では，日本は半数以上が現金と預金で，株式12.7％，投資信託4.7％，債務証券1.3％に対して，アメリカでは株式39.4％，投資信託11.9％，債務証券4.9％と，半数以上が投資に回っており，欧州でも，株式21.0％，投資信託10.1％，債務証券2.2％と，約3分の1以上が運用商品に投資していることから，日本の運用商品が少ないことがわかる。ただし2024年1月から新NISA（少額投資非課税制度）が開始したことから，2024年2月13日（NISAの日）の調査では，個人

投資家を中心に1兆3,000億円近くが流入した。個人投資家向けのNISAの対象となる投資信託が99%を占めたことから，新制度が活用されたことがわかる（NISA口座を使った投資は課税されない）。2024年からの新NISAには「つみたて投資枠」（長期の積立を目的に投資信託だけを購入）と「成長投資枠」（上場企業の株式などを購入できる）の2つがありどちらも利用できる。非課税保有期間は両者とも無期限となった。年間投資上限額は「つみたて投資枠」が120万円，「成長投資枠」が240万円で，合計年360万円まで投資できる。非課税保有限度額は両者を合わせて1,800万円である。「つみたて投資枠」は金融庁が定める基準を満たし，長期の積み立てや分散投資に適した投資信託に投資する（「成長投資枠」は投資信託に加え上場企業の株式に投資）。政府はNISAの口座数と投資額を倍増したいと考えている。

　日本の貯蓄に関する考え方は，長年のお金に対する文化や価値観，金融経済教育の実施，投資環境の違いや，企業は銀行からの間接金融によって融資を受けてきたという歴史が影響しているが，制度や政治の変化によって，今後大きな変化が生じると考えられる。このような変化に消費者が知識なく巻き込まれないように，先に示した「金融商品取引法等の一部を改正する法律」によって「国民の安定的な資産形成の支援に関する施策の総合的な推進に関する基本的な方針」が決められ，付帯決議が採択された。そこでは金融経済教育をしっかり推進すること，そのために「金融経済教育推進機構」を運営することが決められた。

（2）金融経済教育推進機構（J-FLEC）

　金融経済教育推進機構の設立は，2024年4月である。これは2023年11月29日公布された「金融サービスの提供及び利用環境の整備等に関する法律」が根拠となっている。この機構の目的は，「適切な金融サー

ビスの利用等に資する金融または経済に関する知識を習得し，これを活用する能力の育成を図るための教授及び指導を推進すること」とされている。組織は，政府（金融庁），民間団体（全国銀行協会，日本証券業協会），金融広報中央委員会が発起人となり，これまで金融広報中央委員会が実施してきた学校教育に向けた金融教育プログラム，教材作成，教員向けセミナー，調査等は引き継がれる。担当は，J-FLEC 認定アドバイザーとして認定された個人が家計管理，生活設計，NISA・iDeCo 等の資産形成支援制度，金融商品・サービス，消費生活相談等についてアドバイスをすることとされている。

2. 海外の金融経済教育

　アメリカや欧米では資産を投資に充てる割合が日本に比べて多いが，その歴史について概観しておこう。

（1）OECD の金融経済教育の状況
　OECD では金融経済教育を financial education と呼んでいる。その考え方は，「消費者や投資家が金融商品や金融の概念への理解度を深め，情報，指示や客観的な助言 を通じて金融のリスクと機会についてよく知り，情報に基づく選択をし，どこに助けを求めたらよいのかを知り，さらに金融情報を改善するために他の効果的な行動がとれるようにするための技術と自信を養う過程」としている。加盟国において金融経済教育の重要性が増している要因としては，①金融商品の複雑化・商品数の増加，②ベビーブームと平均寿命の伸び，③年金協定の変更，④低レベルの金融リテラシーをあげている。OECD の取り組みとしては，何かを実施するというのではなく，各国の金融経済教育の現状等に関する情報交換の場の提供と位置づけている。2008 年に金融教育に関する

国際ネットワーク International Network on Financial Education (INFE) を組成し，半年に1回会議を開催している。2020年10月には，「金融リテラシーに関する OECD 理事会勧告」を出し，39ヵ国が遵守している。日本は2020年10月に遵守することを表明している。OECD は2022年7月に「金融リテラシーに関する国家戦略策定の勧告」を出している。

（2）米国での金融経済教育

アメリカでは，1885年に米国経済学会　AEA（American Economic Association）が設立され，高校や単科大学での経済教育改善に着手されるようになった。1949年には CEE（Council on Economic Education）が設立され，1950年代には Committee on Economic Education が設立された。1961年には，AEA と The Committee on Economic Development が Economic Education in the Schools A Report of the National Task Force on Economic Education をスタンダードとして発表している。これは学校で学ぶべき主な内容を経済学者や教育研究者が明らかにした成果を発表したものである。1977年には Framework for Teaching Economics：Basic Concepts を発表しているが，1984年に改定版を出している。これは経済学者や研究者による成果報告である。1994年には Goal 2000 Educate America Act 制定に伴い経済が独立した教科になり，教育内容が固まった。1995年 Jump$tart Coalition for Personal Financial Literacy が設立された。こso で National Standards in K-12 Personal Finance Education が発表され，幼稚園から義務教育終了までの金融教育の全国基準が示された，学校での金融経済教育の指導要領的な意味を持ち，画期的であった。1997年には CEE が Voluntary National Content Standard in Economics を

設定し，生徒が知っておかなければならない経済学の基本20項目を発表した。これは実質的に学習指導要領の役割を果たすこととなった。1990年代後半まで，経済学者は教え方には概して無関心であったが，教育現場では様々な取り組みがされていた。2003年にはFinancial Literacy and Education Improvement Actが制定され，金融リテラシー教育委員会（The Financial Literacy and Education Commission：FLEC）が設立された。FLECは2006年から金融リテラシー向上のための国家戦略（The National Strategy for Financial Literacy「消費者が自らのニーズに合った金融商品・サービスを理解し選択することの手助け」）を策定し，2011年，2016年の改訂を経て，2020年国家戦略「連邦金融リテラシー改革」報告書を提出した。そこでは，①金融リテラシーと教育を改善・向上させるための方法を特定，②金融教育を推進するための政府の役割，解決すべき課題の優先順位を定め，体制を明確にすることを公開した。従来，経済へのアクセスが妨げられていた移民，女性，若者等に対して金融教育とサービスを受ける機会を保障し，全てのアメリカ人が経済に参画することを通じて，強くしなやかな経済の実現を目指している（金融経済教育を推進する研究会，2023）。2022年には37州で金融リテラシーの向上に関連する法令を制定した。全米共通の学習指導要領（Common Core）において，英語・数学の基準が定められており，数学の基準と金融経済教育の内容との関連がまとめられている。ただし州によって教育課程は異なる。

（3）イギリスにおける金融経済教育

イギリスでは，政府主導の体系的な金融経済教育（financial capability）がされてきた。特に1986年「金融ビッグバン」以降，1990年代に社会問題化した個人年金，商品の不正販売問題の事後処理に多額

のコストを要したことを教訓として，金融トラブル予防を目的とした金融経済教育の普及に努め，「英国金融サービス機構」FSA（Financial Services Authority）が設立された。これは法的責務の1つとして金融経済教育の促進のために設立されたものである。

2003年には国家戦略の策定がされ，2005年には国民の金融リテラシーに関する全国調査がされた。子ども信託基金（児童名義の税制優遇貯蓄制度の導入，金融経済教育の教材としての活用），学校教育に即した金融教育ガイドブックが作成された。全国ネットワークを有する金融経済教育を目的とした非営利団体pfeg（Personal Finance Education Group）との連携活動が始まり，2010年には中立・公正なアドバイスの提供の全国展開（無料）が開始された。

その後，2019年に政府関連組織が統合され，2019年に設立した「マネー・ペンションサービス（Money and Pensions service：MaPs）が国家戦略の策定と実行主体となった。2020年から2030年の10年間にわたり，「英国の金融ウェルビーイング戦略」として実施されている。この金融ウェルビーイングとは「お金と良い関係を築くこと」であり，「現在と将来の両方で，安心して自分の金融管理をすることができること」とされている。しかし，金融教育は教科化されておらず，教科の一部や学級活動として位置づけられているので，その促進のために，「初等学校用金融教育計画フレームワーク」，「中等学校用金融教育計画フレームワーク」が設定されている（金融経済教育を推進する研究会，2023）。

3. 日本の金融経済教育

日本の金融経済教育は，図13-1に示すように，「経済教育」，「金融教育」，「投資教育」，「消費者教育」の4つに分類することができる。

(1) 経済教育

「経済教育」では，大学の経済学部にとどまらず，幅広く「経済学の基本概念」を享受することで，自立した個人が行う合理的な技術を身につけることを支援するために，教養としての経済学の基本理念，経済や経済制度についての正確な理解，政策を議論する枠組みを市民に提供するものとして位置づけられている。ここでの「経済学の基本概念」とは，合理的な意思決定，選択，機会費用といった基礎知識，GDP，インフレ，為替といったマクロ経済学，企業，政府，税制といった制度のことを指す。経済研究学会が経済に関する教育の目的・方法・制度を調査研究し，会員の教育者・研究者としての力量を高め，経済教育の普及を図り，社会全体の経済的教養水準の向上に寄与することを目的として活動し，経済の教育に関わる様々な分野を扱っている。経済学をいかに教育していくかよりも思考法や生き方を学ぶことに重点を置き，経済の問題を練習問題として思考法を訓練するところに経済教育・経済学教育の最大の意義を持っている。

図13-1 金融経済教育の分類
（出典）平岡，年金レビュー，p.19, 2005に加筆

（2）金融教育

「金融教育」は，金融広報中央委員会と金融庁が主導で行ってきた。金融広報中央委員会は，日本銀行に事務局を置き，戦後の貯蓄運動・金融広報活動の担い手として活動しており，わが国の金融経済教育の歴史である。「救国貯蓄運動」として主にインフレの収束を目的とした貯蓄運動を行っていたが，1950年3月からは「特別貯蓄運動」と称し，貯蓄目標額を設定した貯蓄推進活動の実施，各都道府県単位の地方貯蓄推進委員会を結成し，自主的な貯蓄運動の基礎を作った。1952年には金融広報中央委員会の前身となる貯蓄増強中央委員会を発足させ，都道府県の貯蓄増強委員会と連携しながら民間主導の貯蓄運動を展開した。その後，運動の重点が「貯蓄」から「経済，金融，通貨等についての正しい知識・情報提供」にシフトし，活動目標に，金融経済情報のサービス，生活設計の勧め，金銭教育の3つを掲げた。2001年からは「金融教育支援」と「金融知識普及」を2本柱として活動してきた。

金融広報中央委員会では，「金銭教育」と「金融教育」の2つの名称を用いている。「金銭教育」では，日常用いているものや金銭を通じて，具体的な日常生活に密着して心の学習を行い，人間らしい心を育て，力強く生きる児童・生徒を育成し，学習や生活に意欲的に取り組む活力を育てることを目指している。「金融教育」では，生活設計・家計管理に関する分野，経済や金融の仕組みに関する分野，消費生活・金融トラブルに関する分野，キャリア教育に関する分野の4つを設定し，お金に関する知識や能力は生きていくうえで必要不可欠であるとして，急激に変化する社会の中で安心して生活していくことができるように，金融リテラシーを身につけさせることを目指している。

一方，金融庁では「金融経済教育」の名称を用いている。「国民1人1人に，金融やその背景となる経済についての基礎知識と，日々の生活

の中でこうした基礎知識に立脚しつつ自立した個人として判断し意思決定する力，すなわち金融リテラシーを身につけてもらい，また，必要に応じその知識を充実する機会を提供すること」と定義している。2012年11月に金融経済教育研究会を設置し，どのような内容をどのような層に対して行うべきか，国民の客観的な金融リテラシーの水準をどのような方法で把握するか，金融経済教育によって最低限必要な金融リテラシーを身に付けることの重要性を国民に理解してもらうにはどうすればよいか，などを議論している。2013年4月30日に公表された「金融経済教育研究会報告書」では，3つの教育目的と身につけるべき金融リテラシーを挙げ，学校における取り組みの定着とともに，社会人・高齢者も対象とした金融経済教育を目指している。

　2013年6月には，この報告書の方針を推進するために金融庁，消費者庁，文部科学省等の関係省庁と金融関係団体などをメンバーとして，金融広報中央委員会が金融経済教育推進会議を設置した。2014年6月に「金融リテラシー・マップ」（2023年6月に改訂）を公表し，金融リテラシーの項目別・年齢層別スタンダードを作りあげて，わが国で初めて金融経済教育の統一的な学校段階や社会人，高齢者における習得の目安が示された。OECDの金融教育に関する国家戦略ハンドブックに基づいて金融経済教育研究会が公表したこの「金融経済教育研究会報告書」は国家戦略として位置づけることができる。この報告書では，生活スキルとして最低限身に付けるべき金融リテラシーを「家計管理」，「生活設計」，「金融知識及び金融経済事業の理解と適切な金融商品の利用選択」及び「外部の知見の適切な活用」の4分野・15項目に整理している。その他の機関においても，一般社団法人全国銀行協会，日本証券業協会，NPO法人などがこれまでは独自の金融教育を推進してきた。

（3）投資教育

「投資教育」は，金融商品の知識や投資理論などを学習し，自立した個人として金融商品・サービスを評価・選択する能力を身に付けることを目的とし，学校教育では将来の資産運用に備える内容，社会人では株式，債券，投資信託などの商品を理解し，各人の資産運用に活用する内容が設定されている，金融に関する教育の応用編といえる。

米国や英国の学校教育では金融教育の一部として扱われているが，わが国では投資の成果によって給付額が変動する確定拠出年金制度の導入にあたって，事業主が加入者に対して制度，金融の仕組みと特徴，資産の運用の基礎知識等の投資教育を行うことを努力規定として定めている。

（4）消費者教育

「消費者教育」は，消費者が商品・サービスの購入などを通して消費生活の目標・目的を達成するために必要な知識や態度を習得し，消費者の権利と役割を自覚しながら，個人として，また社会の構成員として自己実現していく能力を開発する教育である。消費者としての人間形成を促すことを目的とし，単に個々の消費者としての能力を持つだけでなく，他の消費者と協力することで，消費者の行動が社会や環境に対してどのような影響を与えるのかを理解し，行動することができると同時に，市民社会における消費者として社会的役割を担うことができるようになることを目標としている。

今までは，金融トラブルに巻き込まれないための方法や学校教育での教材の作成が中心で，生活を取り巻く問題にいかにして適応して行動するかという「生活環境適応型」だったが，近年は，生活環境の意味が，商品やサービスだけでなく法律や経済環境にまで広がったことで，消費

者の立場に立って商品やサービスをあるべきものに作り変え，自ら率先して環境をよりよいものへ変える「生活環境醸成型」にシフトしつつある。

2013年に発表された「消費者教育体系イメージマップ」（消費者庁）では，金融経済教育を「消費者市民社会の構築」と「生活の管理と契約」の2つの領域で位置づけ，持続可能な社会の実現のために消費者教育を推進していくことが，主体性を自己形成した消費者に対する働きかけとして重要視されるようになった。

（5）学習指導要領と金融経済教育

学習指導要領では，家庭科で消費者教育の内容を，社会科で経済教育の内容を取り扱っている。小学校家庭科では，物や金銭の活用の視点から生活を見つめ，限りある物や金銭の大切さに気づき，自分の生活が身近な環境に与える影響を知り，主体的に生活を工夫できる消費者としての素地を育てることを目標とし，小学校3・4年生の社会科では，児童が住む地域を取り上げ，地域産業や販売の仕事に携わっている人の工夫を調べる学習と関連づけて消費者側の工夫を学ぶことで，消費生活を消費者と事業者の両面から捉えている。

中学校家庭科では，消費や環境に関する実践的・体験的な学習活動を通して，消費生活と環境についての基礎的・基本的な知識及び技術を習得し，消費者としての自覚を高め，身近な消費生活の視点から持続可能な社会を展望し，環境に配慮した生活を主体的に営む能力と態度を育てることを目標とし，中学校社会科では，生徒に消費生活を中心に学ばせることで，経済活動の意義について考え，個人と社会を結び付けて学ばせている。

高校家庭科では「生涯の生活設計」が「家庭基礎」，「家庭総合」に含

まれ，生活と経済のつながりや主体的な資金管理の在り方，リスク管理など不測の事態への対応などに関わる内容が重視され，高校公民科では，個の視点で消費を把握し，現代の社会の中の金融・消費の現状を考えさせ，個を取り巻く全体としての社会の問題として，経済に関して考察する態度や解決していこうとする姿勢の形成を目標としている。

　高等学校の新学習指導要領は2018年に公示され，2022年4月より年次進行で導入されているが（表13-1，13-2），家庭科では，特に「資産形成の視点を触れるようにする」点が，これまでの「貯蓄や保険などの資産計画についても関心を持たせる」という点からより踏み込んだ表現になったという違いがある。また「（生涯を見通した経済計画の重要性を）社会保障制度などと関連づけながら考えることができるようにする」という視点が新たに加えられ，これまでの「貯蓄，保険，株式などの基本的な金融商品などにも触れる」は「預貯金，民間保険，株式，債券，投資信託等の基本的な金融商品の特徴（メリット，デメリット）……にも触れるようにする」に変更された。さらに平成21年告示の学習指導要領の「クレジットカードや電子マネーの普及などキャッシュレス化……」のところは，「具体的な事例（電子マネー，仮想通貨など）を通して，キャッシュレス社会の……」のように加筆された。なお，2020年5月1日から改正資金決済法の施行に伴い，「仮想通貨」は国際標準である「暗号資産」の名称に統一された。

　一方，公民科ではこれらの内容はこれまで「現代社会」で扱ってきたが，現在は「公共」で扱っている（文部科学省2018）。大きな学習目標は，これまでの学習指導要領と共通しており，「現代の経済社会における金融の意義や役割，金融市場の仕組み，中央銀行の役割や金融政策の目的と手段を理解」することであるが，その他はより詳細になった。

　例えば平成21年告示の学習指導要領の「金融とは経済主体間の資金

第13章　投資と生活経済　｜　**219**

表 13-1　家庭科の旧要領と新要領の共通点と相違点

平成 21 年告示	新要領（平成 30 年告示）
共通点（大きな学習目標は共通）	
生活の基盤としての家計管理の重要性 生涯を見通した経済計画の必要性 不測の事態に備えた対応 キャッシュレス社会の利便性と問題点の理解と意思決定の重要性	
相違点	
貯蓄や保険などの資金計画についても関心を持たせる	資産形成の視点にも触れるようにする
	（生涯を見通した経済計画の重要性を） 社会保障制度などと関連づけながら考えることができるようにする
貯蓄・保険・株式などの基本的な金融商品などにも触れる	預貯金，民間保険，株式，債券，投資信託等の基本的な金融商品の特徴（メリット，デメリット）……にも触れるようにする
クレジットカードや電子マネーの普及などキャッシュレス化……	具体的な事例（電子マネー，仮想通貨など）を通して，キャッシュレス社会の……

（出典）高等学校学習指導要領，金融広報アドバイザー研修資料 2021.12.27　「高等学校向け学習指導要領の改訂を踏まえた金融教育の実践」から作成

の融通であることを理解させ……」という部分は，以下のように詳細に記載されるようになった。「金融とは経済主体間の資金の融通であることの理解を基に，金融を通した経済活動の活性化についても触れることが必要であり，金融は，家計や企業からの資金を様々な経済主体に投資することで資本を増加させ，生産性を高め社会を豊かに発展させる役割を担っていることを理解できるようにする」と「金融を通した経済活動の活性化については，金融に関する技術変革と企業経営に関する金融の役割にも触れることが必要である。金融に関する技術変革については，

表 13-2　公民科の旧要領と新要領の共通点と相違点

平成 21 年告示	新要領（平成 30 年告示）
共通点（大きな学習目標は共通）	
現代の経済社会における金融の意義や役割，金融市場の仕組み，中央銀行の役割や金融政策の目的と手段を理解	
相違点	
金融とは経済主体間の資金の融通であることを理解させ……	金融と経済主体間の資金の融通であることの理解を基に，金融を通した経済活動の活性化についても触れることが必要であり，金融は，家計や企業からの資金を様々な経済主体に投資することで資本を増加させ，生産性を高め，社会を豊かに発展させる役割を担っていることを理解できるようにする。
	金融を通した経済活動の活性化については，金融に関する技術変革と企業経営に関する金融の役割にも触れることが必要である。金融に関する技術変革については，フィンテックと呼ばれる IoT，ビッグデータ，人口知能といった技術を使った革新的な金融サービスを提供する動きや，仮想通貨など多様な支払・決済手段の普及などによる国民経済，家計，企業への影響について理解できるようにする。
……キャッシュレス社会の進行，金融商品の多様化など，身辺で具体的な事例を通して指導の工夫を図る	……キャッシュレス社会の進行，……様々な金融商品を活用した資産運用にともなうリスクとリターンなどについて，身近で具体的な事例を通して理解できるようにする

（出典）高等学校学習指導要領，金融広報アドバイザー研修資料 2021.12.27　「高等学校向け学習指導要領の改訂を踏まえた金融教育の実践」から作成

フィンテックと呼ばれる IoT，ビッグデータ，人工知能といった技術を使った革新的な金融サービスを提供する動きや，仮想通貨など多様な支払・決算手段の普及などによる国民経済，家計，企業への影響について理解できるようにする。」という記載となった。

　平成 21 年告示の学習指導要領での「……キャッシュレス社会の進行，金融商品の多様化など，身近で具体的な事例を通して指導の工夫を

図る」という視点については，時代の進展から，「……キャッシュレス社会の進行，様々な金融商品を活用した資産運用にともなうリスクとリターンなどについて，身近で具体的な事例を通して理解できるようにする」と加筆・修正されており，より最近の経済・社会情勢に合った内容となっていることがわかる。

このように学習指導要領において金融経済教育が明記されたが，現場の教員で自信を持って教えられる教員はまだ少なく，まずは教員に対する研修が必要となってくる。ただ投資に関する教育を特別にする時間はあまりないため，今後は金利計算は数学で，契約書の読解は国語で，制度は社会科で，実際の家計でのバランス等，様々な教科で扱っていくことが重要である。

最後に投資について説明を加えたい。預貯金は金融機関がリスクを負うので，預金者の元本保証がされている金融商品である。一方，投資に該当する株式，公社債，投資信託は，購入者がリスクを負担する金融商品である。投資に該当する金融商品は，リスクがある分，高い収益が見込めるハイリスク・ハイリターン商品である。ローリスク・ハイリターンの金融商品は絶対にない。リスクとリターンの関係で見ると，預貯金，債券，投資信託，株式の順となる。投資信託とは，多くの人からお金を集め，専門家に信託報酬を支払ってまとめて運用してもらい，儲けを投資家に分配するという金融商品で，元本保証はない。内容をよく確認して，自分の運用にあった商品を選ぶことが大事である。

ハイリスク・ハイリターンの金融商品の場合，価格変動のリスク，信用リスク，為替変動リスク，流動性リスクがあるので，リスクを避けるため，運用には分散投資の視点が大事である。時間，資産，銘柄，地域の分散がある。また購入のタイミングが難しいので，一気に投資するのではなく，毎月買付日を決めて少額で積立投資を長期で継続することも

大事である。さらに長期間運用することで，複利の力を利用することも考えたい。個人で投資する時に最も大事なのが，ハイリスク・ハイリターンの金融商品は余裕資金ですることである。資産・負債一覧表などを作成して，数か月に1回は確認することにしたい。

参考文献

大藪千穂・堀江雅子，2022，「高校家庭科における資産形成・投資教育」生命保険論集第22号，1-24

奥田真之・大藪千穂，2023，『はじめての金融リテラシー』昭和堂

消費者教育イメージマップ
　https://www.kportal.caa.go.jp/pdf/imagemap.pdf（参照日2024年7月10日）

金融庁金融経済教育研究会，「最低限身に付けるべき金融リテラシー」
　https://www.fsa.go.jp/news/25/sonota/20131129-1/01.pdf，pp.1-4
　（参照日2024年7月10日）

文部科学省（2017・2018），「小・中・高等学校学習指導要領解説 家庭編」

金融経済教育を推進する研究会　海外調査部会，日本証券業協会　金融・証券教育支援センター，「海外における金融経済教育の実態調査報告書」，2023年
　https://www.jsda.or.jp/about/kaigi/chousa/kenkyukai/01_kaigai_houkoku_all202303.pdf（参照日2024年7月10日）

金融商品取引法等の一部を改正する法律，2023年11月20日成立
　https://www.fsa.go.jp/common/diet/index.html（参照日2024年7月10日）

平岡久夫，2005，「経済・金融・投資教育 古今東西事情−1. 米国・英国での経済・金融・投資教育の位置づけ−」，『年金レビュー』No. 5，pp.18-21

学習課題

1．預金と投資の違いについて話し合ってみよう。
2．どんな企業を応援したいか，株価や優待券などを調べてみよう。

14 | 消費者問題と生活経済

《**目標＆ポイント**》 近年，悪質な消費者問題が後を絶たず，高齢者が老後の貯蓄を一瞬でなくしてしまい，途方に暮れるなど，社会問題となっており，消費者問題と生活経済が密接に結びついていることがわかる。現在，どのような消費者被害が生じているか，特に近年の消費者問題の特徴を学ぶ。また，それらに対してどのような対策が考えられるかを消費者教育の視点からも明らかにする。

《**キーワード**》 消費者問題，成年年齢の引き下げ，消費者教育

1．消費者問題とは

（1）消費者問題の定義

消費者問題とは何か。近年，消費者問題の定義がゆらいできている。それは，経済システムが広がりを見せていることによって，何でも消費者問題に入れてしまう傾向があるからである。しかし，消費者問題をそれほど拡大解釈しなくても，解決できていない問題は多い。

一般に，我々消費者は，毎日，様々な商品やサービスを購入して生活をしている（大藪，2010）。商品は，消費者の手に届くまでに生産者，販売者が介在している。生産者や販売者は生活用品を消費者に売ることでその商品の代金を回収し（手段），利潤を得ている（目的）。消費者は，生産者や販売者から商品やサービスを購入し代金を支払うことで（手段），満足（効用）を得ている（目的）。生産者・販売者と消費者は，このようにそれぞれ手段と目的が異なっている。通常は，それぞれ

が手段に応じて目的を達成していれば，何の問題も生じない。しかし，消費者が代金を支払ったのにもかかわらず，それに応じた満足が得られない，あるいはその商品を消費したことによって，何らかの被害が生じることがある（消費者被害）。このように，消費者と生産者・販売者の目的が異なることによって消費者が受ける肉体的被害，経済的被害や不利益を「消費者問題」と呼んでいる。

消費者問題には，様々な領域があるが，①生産システムと流通機構をめぐる問題，②基準・規格，表示をめぐる問題，③生活用品の取引と代金決済方法を巡る問題，④消費者被害の救済をめぐる問題，の4つに分類できる（多田，2002）。

（2）消費者行政

これまで消費者問題は，いくつかの省庁で対応されていたが，いわゆる「縦割り行政」の弊害によって，消費者被害への対応が行き届いていなかった。

これらの状況を受けて，2009年9月に消費者庁が発足した。これによって，これまで各省庁で行っていた消費者行政が一元化されることとなった。消費者行政の組織図は図14-1に示すとおりである。消費者庁は内閣府の外局として設置されており，消費者情報は，消費者，消費生活センター，国民生活センター等から消費者庁に流れるので，それらを調査・分析する役割を担っている。消費者庁は，消費者行政の司令塔として，各省庁に対する勧告，措置要求，「すき間事業」への対応をすることとなっている。また消費者に身近な法律である，特定商取引法，景品表示法，JAS法，食品衛生法，製造物責任法などの29の法律を所管している。また消費者庁が発足したことにより，「消費者安全法」が施行され，地方の消費者行政の強化が課題となった。このことにより，消

第 14 章 消費者問題と生活経済 | 225

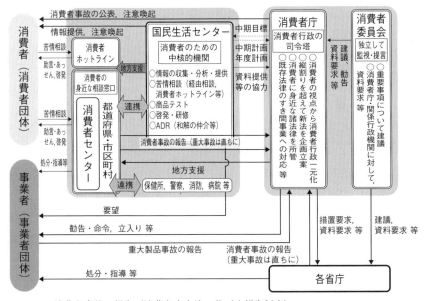

※消費者事故の報告（消費者安全法に基づく報告制度）
※重大製品事故の報告（消費生活用製品安全法に基づく報告制度）

図 14-1 消費者行政図
（出典）国民生活センター
https://www.kokusen.go.jp/hello/pdf/sesaku.pdf
（参照日 2024 年 7 月 10 日）

費生活センターの設置，相談窓口の拡充がされた。また行政に頼らない，消費者主導の消費者ネットワーク組織が全国的に発足しており，消費者被害防止のための消費者教育が実施されている。

一方，有識者の独立組織である「消費者委員会」が内閣府に設置されており，消費者庁の活動をチェックしている。消費者は最寄りの消費生活センターに相談することが多いが，現在は「188（イヤヤ）」に電話をすると，日本全国どこから電話しても最寄りの市町村の消費生活セン

ターにつながるので，電話番号を覚えたり調べたりする必要はなく，迅
速に相談できるシステムになっている。

2．成年年齢引き下げと消費者問題

（1）成年年齢の引き下げ

　消費者問題は時代とともに変化している。近年の最も大きな変化は，
2022 年 4 月 1 日から成年年齢が 20 歳から満 18 歳に引き下げられたこ
とであろう（大藪・堀江 2022）。これまでは 18 歳と 19 歳は保護者（法
定代理人）の同意を得ずに契約した場合，「未成年者取消権」によって
契約を取り消すことができたが，それが利用できなくなった。契約等の
消費者被害は，「未成年者取消権」が使えなくなる 20 歳でこれまで急増
していたが，これからは高校在学中から契約に関する消費者被害が急増
することが懸念される。特に 18 歳になったらできることとして，「親権
者等の承諾が無くてもスマホ等の契約ができる」点や「自分の住むとこ
ろや自分の進路を自分で決めることができる」は大きな変化である。こ
れによってクレジットカードの契約や住居に関する契約ができることに
なる。学校卒業後，進学や就職で独り暮らしをする生徒にとって，新生
活で必要な消費生活に関する学習はますます重要となる。2021 年度に
は 18 歳・19 歳の相談件数は，消費者教育の普及と新型コロナ感染症の
影響からか減少したが，2022 年には微増，2024 年に増加に転じている
（図 14-2）。

（2）若年者に多い相談内容

　支払い方法，商品・サービスの問題に伴うリスクが急増している（図
14-3）。これまでは店舗での購入が多かったが，現在では通販（特に
ネット）の形式での購入が増加している。新型コロナ感染症によって，

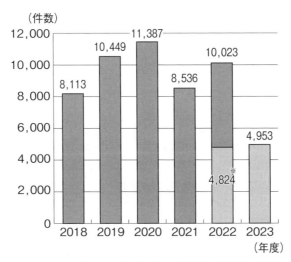

図 14-2　18 歳・19 歳の年度別消費者相談件数の推移
（出典）国民生活センター，ホームページ
https://www.kokusen.go.jp/news/data/n-20
231130_1.html（参照日 2024 年 7 月 10 日）

学校でのタブレット利用が急速に普及したが，自分用のスマートフォンを持っている児童・生徒も多い。今や，ほとんどの問題はスマホからやってくるといっても過言ではない。SNS（X（旧ツイッター），インスタ，ライン……）から毎日，多くの甘い誘い言葉での商品やサービスの広告や犯罪に加担させるような情報が，親の知らない間に，子どもに直接届いている。小学生や中学生では，親のクレジットカード番号や携帯の「キャリア決済」を使ったオンラインゲームの課金や身に覚えのないアダルトサイトの請求が増加している。また高校生以上になると，脱毛や痩身の契約，化粧品や健康食品（痩せる）等のネット購入のような自分が消費するだけでなく，アフィリエイト（自分のホームページやブログにメーカーなどの広告を掲載し，閲覧者がその広告から商品を購入

すると，その報酬が得られる）やドロップシッピング（ウェブ上の商品・サービスの販売で，商品を販売するサイトを運営し，商品の価格を決定するドロップシッパーの機能を分担）など，インターネットを用い

男性								
15-19歳			20-24歳			25-29歳		
順位	商品・サービス	件数	順位	商品・サービス	件数	順位	商品・サービス	件数
	総件数	5,230		総件数	13,016		総件数	13,754
1	インターネットゲーム	611	1	賃貸アパート	776	1	賃貸アパート	1,432
2	商品一般	342	2	商品一般	744	2	商品一般	770
3	出会い系サイト・アプリ	248	3	他の内職・副業	612	3	フリーローン・サラ金	679
4	役務その他サービス	156	4	フリーローン・サラ金	588	4	医療サービス	514
5	アダルト情報	141	5	役務その他サービス	578	5	普通・小型自動車	463
6	他の内職・副業	135	6	出会い系サイト・アプリ	467	6	役務その他サービス	448
7	他の健康食品	132	7	普通・小型自動車	426	7	他の内職・副業	349
8	他の娯楽等情報配信サービス	122	8	医療サービス	346	8	修理サービス	257
9	賃貸アパート	110	9	金融コンサルティング	310	9	出会い系サイト・アプリ	234
10	普通・小型自動車	94	10	脱毛エステ	282	10	電気	223
10	脱毛エステ	94						

女性								
15-19歳			20-24歳			25-29歳		
順位	商品・サービス	件数	順位	商品・サービス	件数	順位	商品・サービス	件数
	総件数	5,758		総件数	18,273		総件数	17,257
1	脱毛エステ	763	1	脱毛エステ	3,606	1	脱毛エステ	2,454
2	商品一般	286	2	他の内職・副業	1,220	2	賃貸アパート	1,369
3	他の内職・副業	247	3	商品一般	847	3	他の内職・副業	815
4	他の健康食品	237	4	賃貸アパート	802	4	商品一般	813
5	出会い系サイト・アプリ	185	5	役務その他サービス	754	5	役務その他サービス	522
6	医療サービス	166	6	医療サービス	490	6	医療サービス	472
7	コンサート	148	7	出会い系サイト・アプリ	471	7	フリーローン・サラ金	368
8	インターネットゲーム	127	8	金融コンサルティング	405	8	出会い系サイト・アプリ	295
9	賃貸アパート	106	9	フリーローン・サラ金	402	9	金融コンサルティング	268
10	役務その他サービス	91	10	電気	274	10	スポーツ・健康教室	218

　：娯楽に関するもの　　　　：暮らしに関するもの　　　　：もうけ話関連を含むもの
　：借金に関するもの　　　　：自動車に関するもの　　　　：美容に関するもの

（備考）　1．PIO-NETに登録された消費生活相談情報（2022年3月31日までの登録分）。
　　　　　2．品目は商品キーワード（下位）。
　　　　　3．色分けは相談内容の傾向を消費者庁で分類したもの。
　　　　　4．2021年4月から同年12月までの消費生活相談情報を集計。

　図14-3　若年層の消費者相談内容
　　　　（出典）消費者庁「令和6年版消費者白書」図表 I-2-2-16

た仕事も知られているが，高額な初期費用を支払ったのに説明されたような利益が得られないといったトラブルも増えている。この延長上に情報商材を用いた投資などの儲け話，受け子などの犯罪の加担も増えている。

このように近年は新しい技術革新によって，生活の中で様々な変化が生じてきている。しかし，このような変化は，知らない人は全く知らず，情報を得て使える人にしか浸透していない。また，そのシステムのメリットとデメリットを知らずに使い，問題に巻き込まれている人もいる。このような手段が，ある特定の世代やグループのみをターゲットにしている場合，情報格差から生活に支障をきたすこともある。誰もが使いこなすことができ，かつ安全なシステムを作っていく必要があろう。

3．高齢者の消費者被害

若者の消費者被害も多いが，最も年代的に多いのが高齢者である。「第11章　高齢者世帯の家計と生活」で見てきたように，高齢者の貯蓄額は平均よりも高い。これは老後の生活費のために貯蓄しているからであるが，近年，高齢者の貯蓄を狙った消費者被害が増えている。特に高齢者は在宅している場合が多い，だまされたことに気づかない場合が多い，被害に遭っても誰にも相談しない，そして貯蓄を多く持っているなどの理由によって悪質業者の的となっている。

全国の消費生活センターに寄せられた相談のうち，契約当事者が65歳以上の相談件数は毎年増加し，年代別では最も高く2022年度は約25万件あり，相談全体の約3割を占めている。特に高齢者が不安に感じている，「金」，「健康」，「孤独」に付け込む悪質業者が後を絶たない。

販売購入形態別では，「訪問購入」や「訪問販売」で高齢者の占める割合が高いのは（図14-4），在宅率が高いからと考えられる。また，商

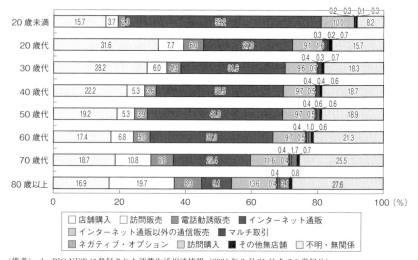

図14-4　年代別消費者相談の販売購入別割合
　　　　（出典）消費者庁「令和6年版消費者白書」図表Ⅰ-1-3-8

品・サービス別では，高齢者全体で「健康食品」が上位を占めている。また年齢層が高くなるに従って，「住宅修理関連」が上位に見られ，これまでと同様，「点検商法」や「次々商法」の相談が多い。

　また最近ではスマホを持つ高齢者も多く，インターネット通販等のトラブルも他の年代に比べると少ないが見られるようになってきた。特に「定期購入」は2022年度に過去最多となった。

　「振り込め詐欺」は，2004年当初は「オレオレ詐欺」と呼ばれていたが，これと同時に生じた「架空請求詐欺」，「融資保証金詐欺」，「還付金等詐欺」を合わせて「振り込め詐欺」と総称している。「キャッシュカード詐欺」や「還付金詐欺」以降，毎年その手口も進化しており，新

男性								
65-74 歳			75-84 歳			85 歳以上		
順位	商品・サービス	件数	順位	商品・サービス	件数	順位	商品・サービス	件数
	総件数	63,581		総件数	42,793		総件数	13,102
1	商品一般	7,462	1	商品一般	5,374	1	商品一般	1,300
2	アダルト情報	2,504	2	役務その他サービス	1,841	2	他の健康食品	545
3	役務その他のサービス	2,194	3	携帯電話サービス	1,383	3	役務その他サービス	511
4	携帯電話サービス	1,732	4	他の健康食品	1,151	4	屋根工事	465
5	フリーローン・サラ金	1,715	5	光ファイバー	1,072	5	修理サービス	411
6	光ファイバー	1,661	6	屋根工事	1,038	6	新聞	349
7	電気	1,383	7	電気	1,036	7	電気	343
8	他の健康食品	1,336	8	修理サービス	998	8	携帯電話サービス	337
9	修理サービス	1,176	9	アダルト情報	883	9	光ファイバー	328
10	賃貸アパート	1,058	10	フリーローン・サラ金	803	10	金融関連サービスその他	199

女性								
65-74 歳			75-84 歳			85 歳以上		
順位	商品・サービス	件数	順位	商品・サービス	件数	順位	商品・サービス	件数
	総件数	67,673		総件数	51,964		総件数	18,112
1	商品一般	7,449	1	商品一般	5,863	1	商品一般	1,681
2	他の健康食品	1,849	2	他の健康食品	1,925	2	他の健康食品	1,052
3	乳液	1,659	3	携帯電話サービス	1,402	3	新聞	773
4	携帯電話サービス	1,641	4	修理サービス	1,341	4	修理サービス	537
5	化粧クリーム	1,353	5	役務その他サービス	1,055	5	健康食品（全般）	414
6	修理サービス	1,292	6	電気	1,037	6	屋根工事	401
7	役務その他サービス	1,260	7	新聞	1,005	7	電気	324
8	ファウンデーション	1,189	8	屋根工事	971	8	役務その他サービス	322
9	電気	1,033	9	乳液	712	9	魚介類（全般）	308
10	フリーローン・サラ金	1,004	10	金融関連サービスその他	707	10	携帯電話サービス	290

☐：通信サービス関連　■：住宅修理関連　■：健康食品　■：化粧品

図 14-5　高齢者の男女別消費者相談の内容
（出典）消費者庁，「令和5年版　消費者白書」図表 2-3

たな形に変えており，これらを合わせて「特殊詐欺」と総称しており，いまだに被害が生じている（図 14-5）。

　このような事態を受けて，高齢者の消費者トラブルの防止を図るため，消費者庁は，「高齢消費者・障がい消費者見守りネットワーク連絡協議会」を開催している。ここでは，トラブルに関する情報を共有し，高齢者の周りにいる人に悪質商法の新たな手口や対処の方法などの情報

提供等を行う仕組みを作ることを目的としている。また，これまでは家族が高齢者を守っていたが，1人暮らしの高齢者が増えたため，これからは近所の人や，民生委員やヘルパー等，地域の人が協力し合って，高齢者を消費者被害から救うことに期待が持たれている。高齢者の消費者トラブルに関する「見守りガイドブック」も発行されており，高齢者の消費者被害の防止に役立てられている（消費者庁）。

　さらに，高齢者を悪質商法等から守るために，「成年後見制度」が制定されている。「成年後見制度」とは（法務省），申し立てによって，裁判所が物事を判断する能力の不足の程度に応じて選任する保護者によって本人を保護する制度で，「補助」，「保佐」，「後見」の3つがある。これらによって，保護者の同意を得ずに結んだ契約を取り消すことができる。またあらかじめ公正証書によって保護者（任意後見人）になってもらう任意後見制度もあるので活用したい（詳細は「第11章　高齢者世帯の家計と生活経済」を参照のこと）。

4. なぜ人はだまされるのか

　学校や高齢者用に研修等で何度も教えてもだまされてしまうのはなぜだろうか。それは人間が持つ心の安定機能である「正常性バイアス」があり，リスクなど都合の悪いことは無視・過少評価する性質があるからと考えられている。例えば災害時にみんな逃げていないから「大丈夫」と避難しない，「専門家」という人がいっているから大丈夫と不安を打ち消す等である。リスクに弱い人ほど「自分は大丈夫」と自信過剰になり，対処方法がわからないほど無視しがちである。

　また脳の意思決定システムと関連していると考えられている（増尾，島田）。私たちが何かの意思決定をするときには，直観や経験に基づいて素早く反応する早い思考の「自動システム」（大脳辺縁系）と，情報

を総合して理性的に判断する遅い思考の「熟慮システム」(前頭前野)が働いている。通常私たちは,衝動を理性で抑制しているが,このままでいいのかなど不安をあおられ,時間がない,ラスト1つなどのストレスが加わると,心のバランスを崩し,前頭前野の「熟慮システム」がストップし,「自動システム」が出動・暴走し,間違った意思決定(あわてて契約・即決)をしてしまう。ストレスが軽減すれば元に戻るので,我に返ったら,「こんなものいらなかった!」などの経験は誰しもあるはずだ。ただしストレスは経験によって軽減することができる(ネットでよく使われている広告手法を知っている等)。

また「熟慮システム」は20歳代でやっと完成するので,つい「自動システム」で行動を決めてしまう。さらに「熟慮システム」は早く衰えるので,若者と高齢者がだまされやすいのは,不注意や性格ではなく,脳のシステムによると考えられている。教育をしてもその時は気をつけようと思ってくれるがすぐ忘れてしまう。ではどうすればよいか。それは疑似体験という訓練を何度もすることである。そして生徒自らが情報収集(気づく),情報選択(断る),情報共有(相談)ができる情報リテラシーを身に付けることが大事である。

5. 消費者教育

消費者問題の被害をなくすために,学校,企業,行政において消費者教育が実施されている。わが国ではこれまでは1968年に制定された「消費者保護基本法」を基盤とした消費者行政や教育がされてきた。2004年に「消費者保護基本法」は「消費者基本法」へと改正されたことによって,これまで「保護の対象」であった消費者は,「権利の主体」へと変化した。「消費者基本法」に基づいた「消費者基本計画」が2005年に策定され,その中の重点項目として消費者教育の必要性が明

記された。そこでは，「消費者が自立できるように消費者教育を展開する」ことが明記された。これは，「消費者基本法」（第17条）に，「消費生活に関する知識の普及及び情報の提供等消費者に対する啓発活動を推進するとともに，消費者が生涯にわたって消費生活について学習する機会があまねく求められている状況にかんがみ，学校，地域，家庭，職域その他の様々な場を通じて消費生活に関する教育を充実する等必要な施策を講ずる」と明記されていることによる。2010年11月には「消費者基本法」に基づいて，消費者教育推進会議が発足した。ここでは，小学生から大学生，成人に至るまでの消費者教育を推進して体系的に進める体制づくりをその目的としている。

　2012年には，議員立法として「消費者教育の推進に関する法律」（消費者教育推進法）が制定された。第1条では「消費者教育を総合的・一体的に推進し，消費生活の安定と向上をはかる」としている。「消費者教育」を「消費者の自立を支援するために行われる消費生活に関する教育及び啓発活動」とし，続いて「消費者が主体的に消費者市民社会の形成に参画することの重要性について理解及び関心を深めるための教育を含む」としている。第2条の2では，「消費者市民社会」について説明している。「消費者市民社会とは，消費者が，個々の消費生活の多様性を相互に尊重しつつ，自らの消費生活に関する行動が現在及び将来の世代にわたって内外の社会経済情勢及び地球環境に影響を及ぼし得るものであることを自覚して，公正かつ持続可能な社会の形成に積極的に参画する社会」であると定義している。このように規定された「消費者教育推進法」の基本理念は第3条に集約されている。①消費生活に関する知識を習得し，これを行動に結びつけることができる実践的能力の育成，②消費者市民社会の形成に参画し，発展に寄与できるよう支援，③幼児期から高齢期までの各段階に応じて体系的に実施。年齢，障害の有無そ

の他の消費者の特性に配慮，④学校，地域，家庭，職域その他の場に応じた方法。多様な主体の連携，⑤消費生活に関する行動が現在及び将来にわたり，内外の社会経済情勢及び環境に与える影響等，多角的視点に立った情報提供，⑥災害その他の非常事態における消費生活に関する知識と理解，⑦環境教育，食育，国際理解教育その他の消費生活に関連する教育との有機的な連携。

　こうして見てみると，「消費者教育推進法」のもとで消費者教育を展開していくときに重要となるのがまさに「消費者教育の総合的・一体的推進」と「消費者市民教育の展開」の2点となる。まず，対象年齢を幼児期から高齢期まで，対象場所を学校，地域，家庭，職域その他の場と定め，多様な主体が連携することを明記しており，これによって多様な主体が担い手となる消費者教育の内容について，互いに共通認識を持つことができ，各主体の連携が効果的に行われると考えられる。また，「消費者市民教育を展開」することを明記することによって，行動する消費者市民を育成することが可能となる。もともと「消費者市民社会」という考え方は，欧州から導入されたものである。この概念を提唱したコンシューマー・シチズン・ネットワーク（CCN）は，「消費者市民」を「倫理，社会，経済，環境面を考慮して選択する個人である。消費者市民は家族，国家，地球規模で思いやりと責任を持った行動を通じて，公正で持続可能な発展の維持に貢献する人間」であるとしており，そのような市民がつくる公正で持続可能な社会を「消費者市民社会（Consumer Citizenship）」としている。

　消費者庁では，消費者教育推進会議の開催（第15条　教材の充実等），消費者教育用副読本教材の作成（第15条　教材の充実等），消費者教育に関する調査研究（第17条　調査研究等），高齢消費者，障害消費者見守りネットワーク連絡協議会での取り組みと情報共有，子どもの

不慮の事故防止（第13条　地域における消費者教育の推進），「消費者ポータルサイト」の拡充に取り組んでいる。2013年6月には「消費者教育の推進に関する基本的な方針」が閣議決定された。同年に「消費者教育の体系イメージマップ」（消費者庁）が作成され，「消費者市民社会の構築」が掲げられた。その中で「消費者市民」として，3つの身に付けたい力を提示している。今後消費者は，単に物資を消費するだけでなく，自分の消費が持つ環境，経済，社会，文化等への影響力を理解し，持続可能な消費を実践し，主体的に社会参画し，他者と協働して消費生活に関連する課題を解決するために行動する「消費者市民」としての役割が期待されている。

　今後も，法律の改正等の消費者を取り巻く環境面の改革と同時に，消費者自らが消費者被害に遭わないためのシステム作りが必要となってくる。

参考文献

大藪千穂，消費生活アドバイザー通信講座2010，2024，『消費者問題　行政知識』財団法人日本産業協会
多田吉三，2002，『消費者問題の理論と展開』晃洋書房
大藪千穂，2011，『お金と暮らしの生活術』昭和堂
大藪千穂，2012，『生活経済学』財団法人　放送大学教育振興会
大藪千穂・堀江雅子，2022，「高校家庭科における資産形成・投資教育」生命保険論集第220号，1-23
金融広報中央委員会，「知るぽると」のホームページ
　http://www.shiruporuto.jp/finance/kinyu/hyakka/hk2908.html（参照日2024年7月10日）
独立行政法人　国民生活センター，『くらしの豆知識』
消費者庁ホームページ

https://www.caa.go.jp/（参照日 2024 年 7 月 10 日）

奥田真之・大藪千穂，2023，『はじめての金融リテラシー』昭和堂

増尾好則「ストレスと脳」東邦大学神経科学研究室
　　https://www.toho-u.ac.jp/sci/bio/column/029758.html（参照日 2024 年 7 月 10 日）

島田広，2022，「消費者教育推進法 10 年の節目に考えるコンシューマーシティズン
　　シップ」消費者教育研究 No. 213．p.6-8

J. N. ギード，日経サイエンス「10 代の脳の謎」「こどもの脳と心」2016 年 3 月

消費生活白書令和 5 年 6 月 13 日消費者庁

Victoria W. Thoresen（ed.）Consumer citizenship education. Guidelines. Vol.1
　　Higher Education. The Consumer Citizenship Network.2005

消費者教育イメージマップ（消費者教育ポータルト）
　　https://www.kportal.caa.go.jp/pdf/imagemap.pdf（参照日 2024 年 7 月 10 日）

法務省「成年後見制度　成年後見登記制度」パンフレット
　　https://www.moj.go.jp/MINJI/pdf/pamphlet.pdf（参照日 2024 年 7 月 10 日）

学習課題

　若年層の消費者被害について調べ，高齢者の消費者被害との違いとその理由を考えてみよう。

15 | 持続可能な社会のための生活

《目標＆ポイント》 資源やエネルギー問題は，家計と無関係ではない。21世紀を豊かに生きるため，そして，豊かな時代にするために，私たち1人1人が価値観やライフスタイルを見直す必要がある。本章では，地域社会，そして地球規模の課題に対する生活者のライフスタイルの在り方を考えたい。
《キーワード》 環境家計簿，カーボンフットプリント，アーミッシュ，ライフスタイル

1. 持続可能な社会のための情報とライフスタイル

　20世紀は，生産と消費が活発化した時代と言える。しかし反面，資源・エネルギーなどの環境問題，社会不安，人間関係の脆弱化，アイデンティティの喪失などの問題が表面化した時代ともいえる。特に，2011年3月11日に起きた東日本大震災や2022年2月のロシアによるウクライナ侵攻によって，エネルギー問題は差し迫った問題となった。今後，我々がこれらの問題を解決し，持続可能な社会の実現を継続していくためには，①法律による規制や行政サービス，②科学技術の進歩，③ライフスタイルの見直し，の3つの方法が考えられる（杉原，2001）。法律による規制や行政サービスの例としては，環境税の導入や平成23(2011)年に東日本大震災の際に適用された計画停電，ごみの分別，レジ袋の有料化等があげられる。科学技術の進歩では，ハイブリッド車や電気自動車の開発，とうもろこし油の活用等がある。これらはハード面からのアプローチと考えられる。

これらの方法も重要であるが，ここでは，生活者からの視点として，ソフト的な解決策であるライフスタイルの見直しによる持続可能な社会の実現について考えたい。キーワードは，モノ，エネルギー，情報，ライフスタイルである。人間は，これまでモノを利用し，そしてそれを転換することによって生活を営んできた。例えば，材木というモノを様々な情報を用いながら加工し，パルプを生産したり，机などの木工製品を生産してきた。そして生活とモノとの相互関係によってライフスタイル

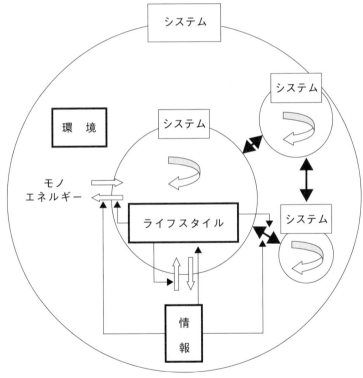

図15-1　情報とライフスタイルの関係
（出典）杉原，2001

を形作ってきた。

その関係を図15-1で見ると，我々（システム）は外から様々な情報を入手し，それらを蓄積，処理することで自己の内的世界を形成している。そしてその内的世界において意思決定を行い，それが外に表出したものがライフスタイルとなる。我々のライフスタイルは，外のシステム（環境）のモノやエネルギーの大きさや流れに影響を与えている。つまり，どのような情報を入手あるいは提供するかが，現代の諸問題の解決に重要な役割を果たしていると考えられる。

2. 環境問題とライフスタイル

（1）地球環境問題と温室効果ガス

持続可能な社会を実現するには，環境問題の解決は必須である。環境問題の解決には，様々な方法がある。なぜなら環境問題には，多種多様な問題が含まれているからである。中でも，地球温暖化の解決は世界的な緊急課題である。わが国においても，猛暑日が続いているが，地球は過去1,300年で最も暑いと言われている。地球温暖化は（山地，2009），温室効果ガスと呼ばれる，二酸化炭素，メタン，亜酸化窒素，フロン類の濃度が大気中で増大したことによって進んだと言われている。温室効果ガスの増大は，人間活動の増大に依存するところが大きい。その中でも二酸化炭素の排出量による温室効果の増加が最も大きい（日本での割合は94.7%）。1950年以降，地球規模で人口が増加し，生活に必要となるエネルギー量が増加した。そのエネルギーの多くは石油や石炭などの化石燃料に依存していたため，それらの消費・燃焼量が増大したことで，大気中の二酸化炭素濃度が全体の56.6%と増加した。このことが温暖化に拍車をかけたと言える。

環境に関する初めての世界会議は，1972年に開催された国連人間環

境会議であるが，その後，1992年にリオデジャネイロで開催された「地球サミット」では，150余ヵ国の調印によって，「気候変動枠組み条約」が採択された。世界的に地球温暖化防止に取り組む枠組みが決められたが，排出量削減に向けた目標値は定められなかった。その後，具体的目標を義務づけるために，条約締約国会議（COP1）がベルリンで開催され，1997年には京都でのCOP3（第3回条約締約国会議）で，目標値を決めた「京都議定書」が採択された。「京都議定書」では，2008年から2012年までに，1990年比で5％の削減が決められ，それぞれの国の目標値が定められた。日本の目標値は6％であった。しかし，最大の排出国であるアメリカの離脱，途上国には何も課さなかったなどの問題も残った。

　その後日本は，鳩山政権（2010年）下で，「2020年までに1990年比で25％削減」を掲げ，抜本的な改革に乗り出したかのように見えたが，平成23（2011）年3月11日に大規模な東日本大震災が生じたことにより，その目標に見直しが生じた。25％削減の実現には，原子力発電の拡大が前提となっていたが，東日本大震災と福島第一原発の事故が起こった。原子力発電は，発電に際して二酸化炭素をほとんど排出せず，130万kw級の大型原子炉が80％以上稼働した場合，日本の温室効果ガスの排出量を約0.5％減らすことができると試算されていた。

　2015年にパリ協定が採択され，世界共通の目標として，工業化以前に比べて2℃より低く保ち，1.5℃に抑える努力をすること，今世紀後半に温室効果ガスの人為的な発生源による排出量と吸収源による除去量との間の均衡を達成することが合意された。

　これを受け，2020年10月には菅元総理が2050年までに「カーボンニュートラル」を目指すことを宣言した。現在124以上の国が表明している。これは，CO_2だけでなく，メタン，N_2O（一酸化二窒素），フロ

ンガスを含む「温室効果ガス」を対象に，「全体としてゼロ」にするというもので，排出量から植林，森林管理などによる吸収量と除去量を差し引いた合計をゼロにすることを意味する。これには日本のCO_2排出量の約4割を占めている発電の脱炭素化が必要となり，極めて困難となった。このためには，再エネルギー，原子力，カーボンリサイクル，水素発電，アンモニア発電などの技術が必要となるが，まだ確立してはいない。2023年のCOP28（国連気候変動枠組条約第28回締結国会議）では，パリ協定の進捗評価報告「GST」（グローバル・ストックテイク）が初めて実施された。世界全体の温室効果ガスの排出量を2030年までに43％，2035年までに60％削減する必要があることが認識された。日本は2030年度46％削減，さらに50％に向けて挑戦することを掲げている。また電力需要もIT技術やEV車など質・量とも変化している。

　このように，地球温暖化に対して，地球規模で対策が取られているが，それらは，○○％という数値で示されていることが多く，実際にどのように私たちの生活に関わっているのかを理解することは困難である。そこで，二酸化炭素を可視化する試みが始まった。以下では，それらの例を示し，我々に何ができるのかを提案したい。

（2）エコロジカル・フットプリント

　地球全体で，それぞれの国の位置づけが分かる方法として，エコロジカル・フットプリント（Ecological Footprint）がある（図15-2）。フットプリントとは「足跡」のことである。これは1996年にカナダで提唱された。地球全体が持続可能であるような社会に向けて，自己の生活をチェックするエコロジカルな家計簿と位置づけることができる。これは，家庭，コミュニティ，国家，地球において人間1人が消費したエネ

ルギー量を，それ相応分を生産するのに必要な土地の面積に換算している。そして，その数値を地球上に「消費の足跡」として示している。計算式としては，人口×1人あたりの消費×生産・廃棄効率から，地球何個分の資源を消費しながら生活しているかがわかる。これによると，全世界では1.7個の地球が必要で，日本人の生活をするには，地球があと2.9個必要となる。一方，ニュージーランドは黒字国である。エコロジカル・フットプリントは，現状に対して，地球が1つである生活をするためのライフスタイルを考えていく指標として有効であると考えられる。

2003年にはグローバル・フットプリント・ネットワークが設立され，

図15-2　エコロジカル・フットプリント
　　　　（出典）マティース・ワケナゲル，ウィリアム・リース，2004

2005年にはEFJ（エコフットジャパンが設立され，政府・企業・学術レベルでの研究が蓄積されてきており，環境省の生物多様性国家戦略2023-2030の基本戦略の指標に正式に認められている。EFJは，プラットフォームづくり，エコフット削減策の支援，消費と生産の行動変容の推進を実施している。

（3）環境家計簿

　エコロジカル・フットプリントがどちらかというと地球と国家の関係を扱うことが多いのに対して，家庭における取り組みを扱うのが，「環境家計簿」である。家計簿については，すでに「第5章　家計収支と家計簿記帳」で見てきたが，家計簿は，個々の家庭の経済活動について記帳するものである。また公開性という点から考えると，家計簿は個人や家庭内で閉じたものといえよう。一方，「環境家計簿」は，日常の生活環境を対象としている。1986年に盛岡通によって提唱された「環境家計簿」は，家庭の運営に経済以外の要素が多く関わるようになったことと，家庭生活が地域や国，地球との関わりを強く持つようになったという時代背景から生まれた（盛岡，1986）。家庭を中心とした人間の活動が，環境にどのような負荷を与えるかを自分でチェックして記入するのである（山田，1996）。そして，その過程を通じて，自分や家庭の生活行動を見直し，環境に負荷の少ないライフスタイルを獲得することを目的としている。家計簿が家庭という閉じたシステムを対象としているのに対して，「環境家計簿」は，家庭社会システムがつながっていることから，自分の生活の評価が，外の環境と結びつくという点が特徴といえよう。

　現在，多くの自治体や企業，NPOなどが独自の「環境家計簿」を作成している。紙面に書くものから，ネットに数値を入力するとすぐに他

第15章 持続可能な社会のための生活 | **245**

の世帯との比較が可能になるものまで様々ある。しかし内容を見ると，それらは2つのタイプに分類することができる。質的な「チェックタイプ」のものと量的な「計量タイプ」である（大藪・杉原，2002）。「計量タイプ」とは，電気やガス，水道等の使用量からCO_2排出量を計算するものである（表15-1）。「チェックタイプ」は，日常の生活の意識や行動に関する事柄をチェックするもので（表15-2），表からわかるように，「チェックタイプ」の判定は，恣意的なもので，絶対的な評価ではない。また，一度やれば終わってしまう，詳細なデータを得ることができないなどの問題点がある。ただし，これによって自省を促し行動を変える効果，そして小さな子どもでも記入することができるという利点がある。一方，「計量タイプ」のものは，表に示すように，それぞれのモ

表15-1 「計量タイプ」の環境家計簿

1月のCO_2排出結果									
項目・単位	1週	2週	3週	4週	5週	合計	係数	CO_2排出量	金額
電気　　　　kWh							× 0.12 =	kg	円
都市（LP）ガス m³							×0.64(1.8)=	kg	円
水道　　　　m³							× 0.16 =	kg	円
灯油　　　　ℓ							× 0.69 =	kg	円
ガソリン　　ℓ							× 0.64 =	kg	円
アルミ缶　　本							× 0.05 =	kg	
スチール缶　本							× 0.01 =	kg	
ペットボトル　本							× 0.02 =	kg	
ガラスビン　本							× 0.03 =	kg	
紙パック　　本							× 0.04 =	kg	
食品トレー　枚							× 0.002 =	kg	
ごみ　　　　kg							× 0.24 =	kg	
合　計								kg	円

（出典）環境庁（現環境省），1997

表15-2 「チェックタイプ」の環境家計簿

エコライフ（低炭素なライフスタイル転換）にチャレンジしよう！

対象	分野	対策	実践日	達成した項目に○ /	/	/
屋外	遮熱・断熱など	窓に空気層のある断熱シートを貼る。				
		部屋の外によしず，グリーンカーテンを設置する。				
		お風呂の残り湯などで朝夕に打ち水をする。				
屋内		床に断熱シートを敷く。				
		すき間テープなどを活用してすき間風を防ぐ。				
リビング	冷暖房	冷暖房時にサーキュレーターなどを使い，空気を循環させ効率よく使用する。				
		冷暖房時にカーテンやブラインドを閉める。				
		冷暖房時に家族がいっしょの部屋で過ごす。				
		エアコンのフィルターを月に1，2回掃除する。				
		冷暖房を使う時間をできるだけ短くする。				
		冷暖房使用時に部屋のドアやふすまを閉める。				
		冷房使用時の室温を28℃にする。				
		夏期にはうちわ，扇子や扇風機を活用する。				
		暖房使用時の室温を20℃にする。				
		冬期には重ね着，湯たんぽ，ひざかけなどを活用する。				
		冬期にはこたつや電気カーペットなど効率のよい部分暖房を活用する。				
	照明	照明を使う時間を可能なかぎり短くする。				
	テレビ	テレビを見る時間を少なくする。（つけっぱなしにせず，見る番組を絞るなど）				
		テレビの画面を明るすぎないように調整する。				
台所	保温	電気ポットや炊飯ジャーの保温をやめる。				
	調理	時短レシピにより調理時間を短くしたり，エコクッキングをする。				
	冷蔵庫	冷蔵庫を壁から適切な距離を離し，周りや上にものを置かない。				
		冷蔵庫の温度設定を強から中にする。				
		冷蔵庫を整理し，開ける時間を短くする。				
	炊事	食器洗いで水を出しっぱなしにしない。				
洗濯	乾燥	晴れの日にまとめて洗濯するなどの工夫で，乾燥機能の使用を減らす。				
お風呂	お風呂	家族が続けて入り，風呂の追い炊きをしない。				
トイレ	便座	保温便座の設定温度を下げ，使わないときには保温便座のふたを閉める。				
服装	スタイル	クールビズ：オフィスではジャケットを脱ぎ，ネクタイを外すなど軽装にする。				
		ウォームビズ：セーター，スカーフ，保温性の優れた機能性素材の下着を活用する。				
その他	待機電力	電気機器は使い終わったらプラグを抜くか主電源を切り，待機電力を減らす。				

※季節によって実践できる対策は異なります。　○の数

クールチョイス！節エネガイド（2017年，全国地球温暖化防止活動推進センター）をもとに薩摩川内市が作成

ノに対する CO_2 排出係数が掲載されており，使用量を掛け合わせることで，1ヵ月の CO_2 排出量と金額も記入することができる。このため，家計と環境の両方を管理することができる。しかし，子どもでは記入が1ヵ月に1回と，面白みを感じることができなかったり，計算が難しい，数値の意味がわかりにくい，また，電気，ガス，水道など直接消費するエネルギーに集中しており，生活全体の CO_2 排出量がわからないなどの問題点がある。さらにこのような「チェックタイプ」と「計量タイプ」の混合版も存在する。

　今後，「環境家計簿」の活用をより普及させていくには，①直接消費するエネルギーだけでなく，他のモノのライフサイクル全段階で消費されるエネルギーがわかり，記入できる（これについては，次項のカーボンフットプリントの活用が有効である），②二酸化炭素の排出量がわかる，③モノの消費計画がたてられる，④自分の家庭の排出量が日本全体，あるいは地球全体の二酸化炭素排出量のどの程度になっているか，位置づけがわかる（大藪・杉原，2002），⑤新たな生活創造ができること等が重要であろう。環境問題は，家計と違い，行動の結果がすぐにわからない点が，環境にやさしいといわれている行動を推進していく上で大きな壁となっている。やっていてもそれがどれほどの意味を持っているのかがわかりにくいため，途中で挫折する人も多い。「○○年までに○○％の削減」という国や地球全体での目標に対して，われわれの行動の寄与度がわかると，環境にやさしいライフスタイルの持続性を後押ししてくれるはずである。

（4）カーボンフットプリント

　二酸化炭素を可視化（見える化）する方法として，「環境家計簿」もその1つであるが，対象が直接消費するエネルギーに限られている。こ

のため,それぞれの商品の二酸化炭素排出量を知る方法として,カーボンフットプリントの試みがある。カーボンフットプリントは,日用品や食品などの商品やサービスにそのライフサイクル(原材料調達から廃棄,リサイクル)の二酸化炭素の排出量を表示し,消費者に見せることによって,消費者に二酸化炭素排出量の少ない商品を購入することを促すという効果がある。

カーボンフットプリントは 2007 年 6 月に ISO/TC207(環境マネジメントに関する技術委員会)北京会合で最初に議論され,2007 年にイギリスで,また 2008 年にフランスで試行販売が始まった。日本では,2008 年の「低炭素社会づくり行動計画」において,カーボンフットプリント制度等による温室効果ガス排出量の見える化について明言され,30 社が 40 種類 54 品目について試行し,2009 年 1 月から 3 月に試験的に販売された。

カーボンフットプリントは二酸化炭素だけでなく,CH_4 や N_2O などの排出量も二酸化炭素に換算して表している。また,商品のライフサイクル全体の二酸化炭素量を表示している。これを LCA (Life Cycle Assessment) と呼び,原料の採掘,素材や部品の製造,商品化,使用後の廃棄に必要な消費量までを計算している。表示には,統一マーク(図 15-3)と,これだけでは分かりにくいので,プロセス別に円グラフで表示したものなども見受けられる。

図 15-3 カーボンフットプリントの統一マーク
(出典)経済産業省,2008,稲葉,2009

わが国では，経済産業省が企業の実施を支援する「エコプロダクツ」
を 2008 年に開始し，毎年実施されている。カーボンフットプリントの
製品も展示されている。しかしこれらはまだ市場にはあまり出回ってい
ない。また，表示が小さくて見づらい，CO_2 100 g の意味がよくわから
ない，カロリーのような目安となる数値表示ができないか，などの課題
も残されている。カーボンフットプリントは，まだ始まったばかりであ
るが，消費者がこの表示を見て環境にやさしい商品を購入するきっかけ
になる取り組みであると考えられる。

3. アーミッシュのライフスタイル

これまで環境問題を解決する具体的な方法について紹介してきた。本
章の最後に，今後，持続可能な社会のためのライフスタイルを獲得し，
実行する，別の側面からのアプローチを提案したい。これまでは，現代
社会のライフスタイルが前提として存在し，それを持続させるための方
法について見てきた。法律による規制や行政サービス，新しい技術開発
もその視点に立つものである。ここでは，現代社会のライフスタイルそ
のものを根底から考え直す視点について触れたい。その１つのモデルと
して，アーミッシュ（Amish）と呼ばれる人々のライフスタイルを紹介
する。同じ地球上で我々と同じ時間を生きていながら，まったく異なっ
た考え方とライフスタイルを実践している彼らの生活から我々が学べる
ことは多い。

アーミッシュは，現在，アメリカ 32 州とカナダのオンタリオ州，ボ
リビア（人口約 38 万人）のみに居住している，キリスト教プロテスタ
ントの小会派である。再洗礼派である彼らは，世界でも最大の消費大国
アメリカで生活しながら，独自の 300 年来のライフスタイルを保持して
いる。彼らのライフスタイルは画一的であり，情報とライフスタイル，

図 15-4　アーミッシュのバギー（筆者撮影）

モノ・エネルギーとの関係が分析可能である。それらの関係性が比較的明確なアーミッシュのライフスタイルから，我々が今後の生活を模索する際のヒントを得ることが可能と考えられる。

(1) アーミッシュのライフスタイル

　1525 年に再洗礼派教義（幼児洗礼ではなく，大人になってからの洗礼が意味あるものと考える）がプロテスタント改革からスイスで誕生し，1693 年にヤコブ・アンマンによって分裂し，アーミッシュ（アンマン派）が誕生した。彼らはヨーロッパを中心に居住していたが，迫害を受け，1708 年に宗教の自由を求めてアメリカへと移動し，現在は，アメリカとカナダの一部にしか居住していない。

　アーミッシュの人口は，現在，約 38 万人ともいわれ繁栄し続けてい

るが，その理由として，①生命の再生産，②文化的抵抗，③文化的妥協があるとされている（クレイビル，1996）。生命の再生産とは，平均7人を出産することと，アーミッシュの子どもの85％はアーミッシュに帰属する帰属率の高さを指す。アーミッシュは布教活動を行わないので，子どもを多く産み，アーミッシュとして育て，再洗礼を受けさせることで，アーミッシュ人口を増やしているのである。文化的抵抗は，外の世界との交わりを避け，アーミッシュとしてのアイデンティティを破壊する文明の利器の使用禁止やアーミッシュとしてのルールを守らない人を忌避する「シャニング」の制度の存在によって保たれている。さらに文化的妥協では，近代文明の成果の一部を，見極めながら導入している。

　アーミッシュのライフスタイルの基盤は，①家族中心であり，教区における相互扶助のコミュニティによる，信仰に基づいた農業を主とした簡素な生活，②「オルドヌング（規律）」という口伝えの生活のルール集に忠実であること，③そしてそれに違反した場合，「シャニング」を受けるシステムにある。

　「オルドヌング（規律）」で決められているライフスタイルには，衣服，言語，結婚，交通機関の選択的利用，外の世界との分離，教育，アメリカとの関係，そして若い頃の放蕩等がある。衣服は，男性の正装は白いシャツ，黒のつりズボン，黒の帽子である。日常服は，単色（寒色）のシャツで，夏は麦わら帽子である。結婚するとあごひげは剃らない。女性の正装は，単色のドレス，白のケープとエプロン，白のカバーリング（帽子）であるが，既婚者は黒か色つきのエプロンである。日常服は，単色のドレスに黒のエプロンである。髪の毛は一生切らず，真ん中で分けて，丸めて後ろで留めている。12歳頃になればカバーリングをする。

言語は，アーミッシュ同士ではペンシルベニア・ダッチと呼ばれるドイツ語に近い言葉を話す。ただし彼らはアメリカ社会で生きているため，小学校入学時から英語を学び始める。結婚はアーミッシュ同士のみで，結婚するためには再洗礼を受けアーミッシュにならなければならない。離婚は禁止である。死別の場合は，再婚できる。交通に関しては，バギー（馬車，図15-4），スクーターの利用が主で，車は運転手を雇う場合は利用が許可されているが，所有することは禁じられている。これは馬やラバをバギーや農作業に用いることで手作業を確保しているといえる。

さらに，外の世界との分離については，電線からの電気（110 V），コンピュータ，テレビ，ラジオの所有を禁じている。これは電気そのものを拒否しているのではなく，電気が運んでくる情報を禁止することを意味している。利用できるのは 12 V のみで，バッテリーに蓄電して利用することは許可されている。また，大型のランプはナフサオイルを使用している。電気の代わりにガス，空気圧，油圧エネルギーを利用している。電話の選択的利用も外部との世界の分離を象徴している。コミュニティ電話（公衆電話のようなもの）や家屋の外に電話を設置している。

教育に関しては，8年間の学校教育（14歳まで）のみを許可しており，1学級制の実践的基礎教育（読み・書き・算数）を主とした独自の学校を運営している。教師はアーミッシュ教育のみを受けたアーミッシュの独身女性である場合が多い。高等教育を受けることは，「シャニング」の対象となる。アメリカとの関係では，税金は支払うが，コミュニティの相互扶助が崩れるという理由で社会保障を受けることは拒否している。

アーミッシュは，再洗礼を受ける前の若者はアーミッシュの子どもで

あってアーミッシュではないと考えている。このため，若者の反抗的な行動期間（ラムシュプリンガ）を大目に見ている。つまり，再洗礼を受けるまでの期間は，アーミッシュの文化を拒否したり，受け入れたりするチャンスと考えているのである。ただし，アーミッシュ社会だけで生活をしてきた若者にとっては，見かけ上の選択の自由とも受け取れる。

（2）アーミッシュから学べること

アーミッシュの人々と接すると，人間の幸せとは何か，進歩とは何か，について考えさせられる。インターネットや携帯電話など高度技術に囲まれて暮らしている現代社会の方が，一般的には豊かで，科学技術も発展しているので，進歩した社会であると考え，アーミッシュのライフスタイルを何と古びた遅れた生活をしているのだろうと訝る人も多いだろう。しかし，人間関係が強く，生活に関わるものの多くが手作りで，ゆったりとした時間を，笑顔が絶えないアーミッシュの家族と一緒に過ごすと，アーミッシュの生活の方が人間的で豊かに感じる。ここで現代社会とアーミッシュを情報，関係性，価値観の視点から比較してみよう（表15-3）。

アーミッシュは，情報の量は少ないが，質は厳選されており，人間と人間，人間と環境との関係性が強く，コミュニケーションも密で，モノやサービスの消費は少なく，価値観として，簡素，美，謙虚さを持っている。これに対して，現代社会では，情報量は多いがその質は混沌としており，人間と人間，人間と環境との関係性は両者とも弱く，コミュニケーションも疎である。またモノやサービスの消費は多く，価値観として豊富，自由，自己本位を置いていることがわかる。

では，現代社会が持続可能な社会を築いていくためには，彼らのライフスタイルから何を学ぶことができるだろうか。もちろん，アーミッ

表15-3　アーミッシュと現代社会の比較

		現代人	アーミッシュ
情報	量	多	少
	質	混沌	厳選
関係性	人間―人間	弱	強
	人間―自然	弱	強
コミュニケーション		疎	密
消費（物財，サービス）		多	少
価値観		豊富	簡素
		自由	美
		自己本位	謙虚

（出典）杉原，2001

シュのライフスタイルの基盤は宗教であり，彼らの生活をそのまま真似することは難しいであろう。しかし，人間社会のあるべき姿として，現代の中で存在するアーミッシュから学べることも多い。彼らのライフスタイルで最も重要な点は，自己決定，自己管理が徹底している点である。モノを利用，使用する場合に，それらの選択的利用を決定したり，情報を選択的に利用するのに猶予期間を設定してから，決定している点である。これは，最初に述べたように，我々は情報を用いながら，モノを利用・転換しながらライフスタイルを確立してきたことと関連している。アーミッシュは，現代社会が当たり前として進めてきたモノの利用・転換，情報の活用のペースが速くなるのを自ら律しているのである。

　また，関係性についても学ぶべき点は多い。アーミッシュは，人間と

人間，人間と環境との関係性が極めて強い。互いの密なコミュニケーションによって，価値観を共有している。これらを失いつつある現代社会では，アイデンティティの喪失や精神的問題，人間関係をめぐる問題や環境問題が生じている。人間と人間，人間と環境の関係性の強化が今後，我々にとって重要であろう。

一方，現代社会も，自由度の大きさと豊富な情報という良い点を持っている。今後は，これらの点を保持しながらも，エネルギーの消費速度を増大させないライフスタイルを獲得する必要がある。また，穏やかで親密な人間関係を探求し，脱西欧化，脱近代化をめざす必要があろう。現代社会が持つ大きな自由度のもとで，十分な情報を取り入れ，個々人の中に豊かな世界を築き，自己実現を図ることが重要である。このとき，新しい方法による情報の管理によって，情報の質と量を確保するための情報システムの構築が必要となる。現代社会では，様々な情報が入り乱れており，正確な情報に辿り着くのが困難な状態にある。また一方で，十分な情報を取り入れ，個々人の内的世界を豊かに築き，自己実現を図っていくことのできる情報処理能力（情報リテラシー）の確立が必要となってくる。情報に翻弄されるのではなく，情報を各自が取捨選択できる能力の獲得が重要である。このような情報のシステムづくりと情報処理能力の両輪によって，持続可能な社会は実現可能となると考えられる。

平成23（2011）年3月11日の東日本大震災，令和6（2024）年1月1日の能登半島地震によって，私たちは現代社会と持続可能な社会について多くを考えさせられた。人間生活をより便利に快適に過ごすために，これまで様々なモノやサービスが生み出され，資源を多く必要とする生活が当たり前となった。都会では夜中でも煌々と電気がついている，お腹が減ればいつでもコンビニが開いている，夏でも部屋の中は冷房が利

きすぎて上着を着ている，水道の蛇口をひねるといつでも水がたっぷりと出てくる……という生活が日常かつ普通となった。しかし震災をきっかけに，人々はこのような生活が極めて細い線でのみ可能となっていることに気づいたのではないだろうか。最低限のライフラインはもちろん重要であるが，なくても暮らせることの多さに気づいた。日中には電気はいらない，今まで明るすぎた，慣れれば苦にはならないと多くの人が答えたことからもわかる。今までの生活に対する警鐘としては，あまりにも大きすぎる被害と代償であったが，そのようなことがない限り，我々は言葉だけで「環境問題は重要」と叫ぶだけで，本当にライフスタイルを見直すことができなくなっていたのかもしれない。

　アーミッシュは，我々と同じ人間である。今後，我々が復興を含めて，新たな一歩を歩き始めるためには，アーミッシュの生活をはじめ，再び，人間が生活をすることの意味，そしてそのために必要なことは何か，人間にとって幸せとは，進歩とは何かについて真摯に向き合い，話し合わなければならないだろう。

参考文献

杉原利治，2001，『21 世紀の情報とライフスタイル』論創社
山地憲治監修，2009，『新・地球温暖化対策　教科書』オーム社
マティース・ワケナゲル，ウィリアム・リース，2004，『エコロジカル・フットプリント』合同出版
ニッキー・チェンバース，クレイグ・シモンズ，マティース・ワケナゲル，2005，『エコロジカル・フットプリントの活用』合同出版
盛岡通，1986，『身近な環境づくり─環境家計簿と環境カルテ─』日本評論社
山田国広，1996，『一億人の環境家計簿』藤原書店
稲葉敦編，2009，『カーボンフットプリント』工業調査会

第15章 持続可能な社会のための生活 | **257**

大藪千穂・杉原利治, 環境家計簿, 2002, 『多様化するライフスタイルと家計』日本家政学会家庭経済学部会

大藪千穂, アーミッシュのライフスタイルから学ぶこと, 2010, 『経済月報』十六銀行

ドナルド・B・クレイビル, 杉原利治・大藪千穂訳, 1996, 『アーミッシュの謎』論創社

サラ・フィッシャー, 杉原利治・大藪千穂訳, 2004, 『アーミッシュの学校』論創社

ドナルド・B・クレイビル, 杉原利治・大藪千穂訳, 2009, 『アーミッシュの昨日・今日・明日』論創社

環境庁地球環境部, 1997, 『環境家計簿』

杉原利治・杉原久美, 2002, 「新しい環境家計簿 1. 環境家計簿の評価と新家計簿の構想」岐阜大学教育学部研究報告 自然科学, 26 (2)

エコプロ日経サイト https://messe.nikkei.co.jp/ep/（参照日 2024 年 7 月 10 日）

カーボンフットプリントのサイト
http://www.cfp-japan.jp/calculate/verify/permission.php（参照日 2024 年 7 月 10 日）

経済産業省資源エネルギー庁
https://www.enecho.meti.go.jp/about/special/johoteikyo/carbon_neutral_02.html（参照日 2024 年 7 月 10 日）

環境省, 脱炭素ポータル
https://ondankataisaku.env.go.jp/carbon_neutral/about/（参照日 2024 年 7 月 10 日）

学習課題

1. 環境家計簿をつけてみて, 自分の生活を見直してみよう！
2. 自分の苦手な分野の環境家計簿の項目を 10 個選んで, 自分の環境家計簿を作ってみよう！

索引

●配列は五十音順。＊は人名を示す。

●あ　行

アーミッシュ　238, 249
赤字　77
朝日訴訟　200
新しい資本主義　207
アフィリエイト　227
アレンとバウリー＊　51
安全性　105, 109
育児休業給付　193
いざなぎ景気　28
遺産分割協議　178
遺族基礎年金　163, 186, 189
遺族厚生年金　163, 190, 191
遺族年金　157
iDeCo　206
188（イヤヤ）　225
医療保険　185
岩戸景気　28
ウェイト　89
受取　67, 76
エコプロダクツ　249
エコロジカル・フットプリント　242
エッヂワース算式　92
LCA　248
エンゲル＊　42, 45
エンゲル関数　47, 51, 84
エンゲル係数　31, 42, 83
エンゲル後型　83
エンゲル前型　83
エンゲル方式　199, 200
エンゲル法則　42, 46, 84, 199
エンゲル法則の逆転現象　82
Oikonomikos　12
横断面のデータ　63

温室効果ガス　242

●か　行

カーボンニュートラル　241
カーボンフットプリント　238, 247
改正資金決済法　218
価格　89
価格弾力性　86
下級品　87
核家族世帯　115
格差縮小方式　200
学習指導要領　206, 217
学習塾　145
学生納付特例制度　187
確定給付企業年金　186
確定拠出年金　186
家計　14
家計調査　54, 56, 58, 59, 61
家計調査狂時代　56
家計貯蓄率　79
家計の金融行動に関する世論調査　63
加重平均　89
可処分所得　69
片働き世帯　115, 129
学校外活動費　99
学校教育費　99
家庭科　217
寡婦期間　97
寡婦年金　163
貨幣　14
神の見えざる手　14
環境家計簿　238, 244
換金性　109
元本保証　221

企業　14
企業型　186
企業年金　186
気候変動枠組み条約　241
基礎年金　186
規模の経済　129
義務教育費　136
キャッシュレス　220
キャリア決済　227
給付型奨学金　149
供給　15
供給曲線　15
協議離婚　151
共助と公助　183
強制保険　183
共同親権　156
京都議定書　241
金銭教育　214
近代社会　9, 14
金融教育　214
金融経済教育　214
金融経済教育研究会　215
金融経済教育研究会報告書　215
金融経済教育推進会議　215
金融経済教育推進機構（J-FLEC）　64,
　208
金融広報中央委員会　64
金融資産純増　78
金融資産純増率　78
金融リテラシー　215
金融リテラシー・マップ　215
勤労者世帯　102
クーリング・オフ　122
クセノフォン＊　12
繰り上げ支給　188
繰入金　67, 69

繰越金　69
繰り下げ支給　188
クレジット　75
クレジットカード　75, 76
黒字　77
黒字率　77
クロス・セクションデータ　63
経済教育　213
経常収入　67
経費的支出　134
結婚　119
限界性向　87
現金給付　195
源泉別　56
現代社会　9, 16
現物給付　195
現物収支　74
高額療養費　186
公共　218
『興業意見』　54
合計特殊出生率　136
公的介護保険　185
公的年金保険　185
公的扶助　183, 198
公的扶助制度　200
高度経済成長期　28
効用　9
公立高校の無償化　145
小売物価統計調査　60
高齢者世帯　169, 176
高齢単身者世帯　167
高齢夫婦無職世帯　167
国際経済　18
国富　42
国民皆年金　186
国民皆年金制度　186

国民経済　18

国民所得倍増計画　28

古代社会　9, 10

5大費目　61

こども保険　148

雇用保険　185, 193

雇用保険二事業　193

コロナ禍　22, 38

●さ　行

サービス　10

債券　221

最低生活費　47

ザクセン王国　45

三種の神器　29

CO_2排出係数　247

時系列データ　62

自己管理　254

自己決定　254

資産形成　207

資産所得倍増プラン　207

資産の減少　67

支出　66, 69

支出弾力性　86

自助努力　183

持続可能な社会　238

失業等給付　193

実支出　69

実支出以外の支払　69

実質化　88

実収入　67

実収入以外の受取　67

自動システム　232

自動調整作用　15

児童手当　139, 195

児童福祉　194

児童扶養手当　164, 195

支払　66, 68, 69

ジブラ分布　104

社会科　217

社会福祉　183

社会保険　183, 184

社会保障　183

借金返済　71

収益性　105, 109

10大費目　61

住宅ローン　112

収入　66, 69

収入階級別　124

収入弾力性　86

需給関係　15

熟慮システム　233

出産育児一時金　138

出産手当金　138

出生時育児休業給付金　140

需要　15

シュワーベ*　49

シュワーベの法則　49

障害基礎年金　186, 189

障害厚生年金　190, 191

障害者自立支援法　197

障害者総合支援法　197

障害者福祉　197

生涯収支　95, 100

奨学金制度　149

消費支出　18, 69

消費実態調査　60

消費者安全法　224

消費者委員会　225

消費者価格調査　60

消費者基本計画　233

消費者基本法　233

消費者教育　213, 216, 233
消費者教育推進会議　234
消費者教育推進法　234
消費者教育体系イメージマップ　217
消費者教育の推進に関する基本的な方針
　236
消費者教育の推進に関する法律　234
消費者行政　224
消費者市民　235
消費者市民社会の構築　217
消費者信用　75
消費者庁　224
消費者被害　224, 229
消費者物価指数（CPI）　60, 88, 89
消費者保護基本法　233
消費者問題　223
消費主体　13
消費水準　82, 88
消費単位　46
消費の中数　45
情報格差　229
情報処理能力　255
情報リテラシー　233, 255
条約締約国会議　241
殖産興業　55
『職工事情』　55
所得　69
新型コロナ感染症　38
新三種の神器　29
人生設計　95
新NISA　207
ジンマーマン＊　49
神武景気　28
水準均衡方式　200
生活環境適応型　216
生活経営　10

生活経済　10, 16
生活循環醸成型　217
生活費　57, 69, 74
生活保護　165, 183, 198
生活用品　15
生産主体　13
生産要素　15
政治算術　43
政治戦術　42
正常性バイアス　232
ぜいたく品　51
成長投資枠　208
成長と分配の好循環　207
成年後見制度　176
成年後見登記制度　177
成年年齢の引き下げ　223, 226
生命の再生産　251
世代間扶養　186
接続指数　92
ゼロゼロ融資　39
専業主婦世帯　115, 129
全国家計構造調査　63
全国消費実態調査　63
選択的利用　254
葬儀費用　180
相続　178
相続時清算課税制度　179
その他の消費支出　70

- -

●た　行
第1号被保険者　186
第一種奨学金　149
第3号被保険者　186
大衆消費社会　30
第2号被保険者　186
第二種奨学金　149

タイム・シリーズデータ　62
高野岩三郎＊　56
タケノコ生活　24
単身者　115
単身世帯　115
単身世帯収支調査　61
単独世帯　115
弾力性係数　86
中央値　104
中高齢寡婦加算　164
超高齢社会　167, 168
貯蓄　71, 101
貯蓄から投資へ　108
貯蓄純増　78
貯蓄動向調査　61
貯蓄率　78
鎮静剤的役割　57
通貨性預貯金　107
つみたて投資枠　208
定期購入　230
定期性預貯金　107
手取り収入　69
デビットカード　76
デフレート　88
デモス　45
デュクペチオー＊　44
投資教育　206, 213, 216
投資信託　221
特定商取引法　122
特定世帯　63
特別収入　67
特別児童扶養手当　195
土地家屋借金返済　80
共働き世帯　115, 129
ドロップシッピング　228

●な　行

内閣統計局　58
NISA　206
『日本之下層社会』　55
任意後見制度　177
年間収入五分位階級別　105, 112
年金分割制度　156
農林漁家世帯　61

●は　行

パーシェ算式　91
パーシェ・チェック　92
ハイリスク・ハイリターン　221
バブル経済　22, 33
パラサイト状態　119
パリ協定　241
pfeg（Personal Finance Education
　Group）　212
非消費支出　69
必需品　51
必要経費　69
ひとり親世帯　151, 158, 163
被用者年金　186
貧乏線　50
品目分類　60
フィッシャー算式　92
ブース＊　50
夫婦共働き世帯　63
賦課方式　186
複利　222
負債　110
負債の増加　67
負債保有世帯　112
父子世帯　154, 158
物価　89

不妊治療　137
振り込め詐欺　230
プレイスとハウタッカー＊　51
FLEC（金融リテラシー教育委員会）　211
分割払い　75
文化的妥協　251
文化的抵抗　251
分散投資　221
平均消費性向　77
平均初婚年齢　119
平均貯蓄性向　77
平均貯蓄率　78
平成不況　33
封建社会　9, 12
封建領主　13
法定後見制度　177
母子世帯　63, 151, 158, 159
補助学習費　145

●ま　行

マーケット・バスケット方式　57, 199
MaPs（Money and Pensions service）
　212
満足感　9
未成年者取消権　226
見せかけの支出　71
見せかけの収入　67, 71
見守りガイドブック　232
民間経済　18
民間保険　183
無職世帯　63
モノ　10
もはや「戦後」ではない　28

●や　行

有価証券　103

養育費　151, 153
要因的支出　134
要介護度　194
要介護認定　194
幼児教育・保育の無償化　98
用途分類　60
用途別　56
預貯金　63, 71, 221
欲求の充足　9
四命題式のエンゲル法則　48

●ら　行

ライト＊　48
ライフサイクル　95
ライフステージ　95, 97
ラウントリー＊　50
ラウントリー方式　45, 199
ラスパイレス型　90
離婚　151
離婚率　151
リスク　221
リバースモーゲージ型住宅ローン　176
リボルビング払い　75
利回り　109
流動性　109
ル・プレイ法　43
暦年課税　179
労災保険　185, 192
労使が折半　190
労働市場　17
労働者災害補償保険　185, 192
労働保険　185, 192
労働力　15
労働力を再生産　17
老齢基礎年金　186
老齢厚生年金　189

ローリスク・ハイリターン　221

筆者紹介

大藪千穂（おおやぶ・ちほ）

1962 年	京都市生まれ
	ノートルダム女子大学文学部卒業
	大阪市立大学大学院生活科学研究科後期博士課程修了
現在	岐阜大学副学長／教育学部教授・博士（学術）
専攻	生活経済学，生活経営学（ライフスタイル論）
主な著書	『ちほ先生の家計簿診察室』(名古屋リビング新聞社, 2002 年)
	『仕事・所得と資産選択』（財団法人放送大学教育振興会，2008 年)
	『お金と暮らしの生活術』（昭和堂，2011 年)
	『生活経済学』（財団法人放送大学教育振興会，2012 年)
	『新版　はじめての金融リテラシー』（昭和堂，2022 年，2023，2024 改訂)
	『アーミッシュの謎』（共訳　論創社，1996 年)
	『アーミッシュの学校』（共訳　論創社，2004 年)
	『アーミッシュの昨日・今日・明日』（共訳　論創社，2009 年)

放送大学教材　1710265-1-2511（ラジオ）

生活経済学

発　行　　　2025 年 3 月 20 日　第 1 刷

著　者　　　大藪千穂

発行所　　　一般財団法人　放送大学教育振興会
　　　　　　〒 105-0001　東京都港区虎ノ門 1-14-1　郵政福祉琴平ビル
　　　　　　電話 03（3502）2750

市販用は放送大学教材と同じ内容です。定価はカバーに表示してあります。
落丁本・乱丁本はお取り替えいたします。

Printed in Japan　ISBN978-4-595-32508-3　C1377